시간을 아끼고 지식을 압축하는
요약 독서법

시간을 아끼고 지식을 압축하는 요약 독서법

발행일   2025년 7월 31일

지은이   이은대
펴낸이   손형국
펴낸곳   (주)북랩
편집인   선일영   편집   김현아, 배진용, 김다빈, 김부경
디자인   이현수, 김민하, 임진형, 안유경, 한수희   제작   박기성, 구성우, 이창영, 배상진
마케팅   김회란, 박진관
출판등록 2004. 12. 1(제2012-000051호)
주소   서울특별시 금천구 가산디지털 1로 168, 우림라이온스밸리 B동 B111호, B113~115호
홈페이지 www.book.co.kr
전화번호 (02)2026-5777   팩스   (02)3159-9637

ISBN   979-11-7224-743-0 03810 (종이책)   979-11-7224-744-7 05810 (전자책)

잘못된 책은 구입한 곳에서 교환해드립니다.
이 책은 저작권법에 따라 보호받는 저작물이므로 무단 전재와 복제를 금합니다.
이 책은 (주)북랩이 보유한 리코 장비로 인쇄되었습니다.

(주)북랩 성공출판의 파트너

북랩 홈페이지와 패밀리 사이트에서 다양한 출판 솔루션을 만나 보세요!

홈페이지 book.co.kr   •   블로그 blog.naver.com/essaybook   •   출판문의 text@book.co.kr

---

작가 연락처 문의 ▶ ask.book.co.kr

작가 연락처는 개인정보이므로 북랩에서 알려드릴 수 없습니다.

시간을 아끼고 지식을 압축하는
요약 독서법

핵심을 꿰뚫는
메타인지
독서의 기술

이은대 지음

북랩

들어가는 글

핵심만 남기고 버려라

독서는 오랫동안 사람들에게 성장 수단이었습니다. 책을 통해 사고의 깊이를 더하고, 삶의 방향을 찾아왔으며, 시대를 관통하는 지혜를 배워왔지요.

그런데 요즘 독서는 어딘가 모르게 과잉되어 있다는 느낌이 듭니다. 주변에 책 읽는 사람은 많은데, 읽은 책을 제대로 남기는 경우는 드문 것 같습니다. 책을 다 읽고도 기억나는 게 거의 없다면, 그 독서는 제대로 작동하지 않은 셈입니다.

과거에는 책 한 권을 깊이 읽는 일이 중요했습니다. 같은 책을 여러 번 읽으며 의미를 곱씹는 과정에서 생각하는 힘이 강해지고 통찰력도 생겨났지요. 그러나 정보의 양이 폭증하는 시대에 들어서면서 독서는 양적인 소비로 흐르기 시작했습니다. 책 읽는 행위 자체가 목적이 되었고, 얼마나 많이 읽었는지를 자랑하는 문화가 형성됐습니다. 정작 중요한 건 그 책에서 무엇을 건져 올렸느냐인데, 그런 질문은 뒷전으로 밀려났습니다.

문제는 책의 양이 아닙니다. 책을 어떻게 읽는가, 무엇을 남기는가, 그리고 무엇을 버리는가가 핵심이지요. 모든 문장을 기억하고자 하는 독서는 불가능합니다. 더구나 모든 내용이 다 중요한 것도 아닙니다. 글쓴이의 감정, 장황한 예시, 맥락을 반복하는 설명, 부풀려진 문장들은 핵심을 흐리게 만듭니다. 독서가 진짜 의미 있으려면, 텍스트 속에서 꼭 필요한 것만 걸러 내고 나머지는 과감히 덜어 내는 기술이 필요합니다.

요약 독서법은 그런 문제의식에서 출발했습니다. 요약은 단순한 줄임이 아닙니다. 요약은 본질을 추출하는 일입니다. 책을 끝까지 읽었는가보다 더 중요한 것은 그 책에서 무엇을 남겼는가 하는 겁니다. 요약을 통해 남길 수 있는 것은 단어 몇 개 정도가 아닙니다. 문장 속에 담긴 방향성, 핵심 논지, 실천 가능한 단서들입니다. 이 모든 것은 요약이라는 행위를 통해 뚜렷하게 드러납니다.

독서에는 선택이 필요합니다. 모든 문장을 중요하다고 여기는 순간, 진짜 중요한 것을 놓치게 되기 때문입니다. 요약 독서법은 '선택'과 '집중'의 훈련입니다. 핵심을 기준 삼아 나머지를 걸러 내야 본질이 보입니다. 핵심은 대체로 단순합니다. 단순함에 도달하기 위해서는 많은 내용을 덜어 내야 합니다. 덜어 낸다는 것은 버리기만 하는 행위가 아닙니다. 맥락을 읽고, 구조를 파악하고, 의미의 흐름을 살핀 뒤에 결정하는 행위입니다.

　이 책은 그러한 요약의 기술을 체계화하려는 시도입니다. 책의 구조를 어떻게 파악할 것인지, 저자의 메시지를 어떻게 정리할 것인지, 중요한 문장을 어떻게 남길 것인지, 불필요한 내용을 어떻게 덜어 낼 것인지 등에 대한 구체적인 방법을 제시합니다. 요약 독서법은 단순히 정리를 잘하자는 제안이 아닙니다. 정보 과잉 시대에 필요한 생존의 기술이며, 사고의 무기를 날카롭게 벼리는 훈련입니다.

　몰려드는 정보의 물결 속에서 중심을 잡는 일은 생각보다 어렵습니다. 처음에는 모든 내용이 의미 있어 보입니다. 그러나 읽고 나면 손에 잡히는 게 없습니다. 그럴 때 필요한 것이 기준입니다. 핵심을 중심으로 잡고 나머지를 재배치하는 힘, 바로 그것이 요약입니다. 요약이야말로 독서를 독서답게 만드는 결정적인 도구입니다.

　모든 책이 나에게 좋은 책은 아닙니다. 모든 문장이 의미 있는 문장도 아니지요. 저자마다 스타일이 다르고, 문장력이 다르고, 말의 밀도 역시 다릅니다. 독자 입장에서는 모든 책을 같은 방식으로 읽을 수는 없습니다. 어떤 책은 속독이 필요하고, 어떤 책은 분석이 필요합니다. 요약 독서법은 다양한 독서 방식 중 올바른 것을 선택하는 데 있어 판단의 기준을 세워 줍니다. 어떻게 읽을지, 무엇을 남길지, 어떤 방식으로 독해할지에 대한 자기만의 틀을 만들어 주는 것이죠.

좋은 책을 만나도 자기화하지 못하면 소용없습니다. 핵심을 잡아내지 못하면 아무리 좋은 문장이라도 허공으로 흩어져 버립니다. 요약 독서법은 흩어지는 지점을 붙잡아 주는 역할을 합니다. 요약은 기록이 아닙니다. 사고입니다. 어떤 생각을 취하고 어떤 생각을 버릴지 선택하는 일입니다. 선택을 반복할수록 사고는 선명해지고, 자기만의 판단 기준이 생겨나는 겁니다.

책을 덮은 후 남아야 할 것은 줄거리나 감상이 아니지요. 핵심 메시지입니다. 요약 독서법은 핵심 메시지를 남기는 훈련입니다. 짧은 시간 안에 본질을 파악하고, 그 안에서 삶에 적용 가능한 단서들을 건져 올리는 과정입니다. 이 과정을 반복하면, 독서는 단순한 취미나 습관을 넘어 삶을 바꾸는 기술이 됩니다.

정보가 넘치는 시대에는 판단이 중요합니다. 무엇을 읽고, 무엇을 남기고, 무엇을 삶에 반영할지에 대한 명확한 기준이 필요합니다. 요약 독서법은 그러한 기준을 세우는 데 유용한 도구입니다. 무조건 책을 많이 읽기만 하는 게 아니라, 어떤 책을 어떻게 읽고 어떻게 남기는지가 더 중요해진 시대입니다. 책은 여전히 유효합니다. 그러나 책을 다루고 읽는 방식은 달라져야 합니다.

이 책은 요약 독서법이라는 이름 아래, 불필요한 문장은 덜어 내고 핵심을 붙잡는 기술을 설명합니다. 문장을 덜어 내는 힘은 곧 사고를 정리하는 힘이죠. 핵심만 남기고 나머지를 걷어 내는 행위는 복잡한 생각 속에서 중심을 세우는 일입니다. 이 기술은 독서에만 머물지 않습니다. 말할 때, 글 쓸 때, 결정할 때도 적용됩니다. 요약은 결국 '본질을 붙잡는 태도'입니다.

책 읽는 행위가 더 이상 무의미하게 반복되지 않도록 이 책이 안내서가 될 수 있기를 바랍니다. 읽는 행위에는 남는 것이 있어야 합니다. 책을 읽은 후 남는 것이 삶을 밀고 나갈 동력이 되어야 합니다. 그런 의미에서 요약 독서법은 단순한 독서 기술이 아니라 살아가는 방식의 전환이자 복잡한 세계에서 중심을 지키기 위한 지적 생존법이라 할 수 있겠습니다.

책을 중심에 둘 게 아니라, 그 속에서 핵심을 끌어내는 힘을 키워야 합니다. 모든 책은 해석되고 요약되어야 할 이유를 품고 있습니다. 책에서 건져 올린 한 문장이 삶에 새겨질 때, 독서는 비로소 자기 것이 되는 겁니다.

2025년 여름
자이언트 북 컨설팅 대표 이은대

목차

들어가는 글 — 핵심만 남기고 버려라 · 5

1부 요약 독서는 어떻게 인생을 바꾸는가

1. 시간 낭비를 끝내라 — 독서의 80퍼센트는 불필요하다 · 16
2. 정보 과부하 시대, 요약이 필수가 된 이유 · 21
3. 뇌가 원하는 독서 — 핵심만 남기고 버려라 · 26
4. 성공한 리더들이 요약 독서를 사랑한다는 비밀 · 31
5. 지식의 쓰레기통에서 보물을 건지는 법 · 36
6. 요약 독서의 첫걸음 — 책을 덮기 전에 해야 할 질문 · 41
7. 당신의 독서 습관을 점검하는 5가지 체크리스트 · 46
8. 3분 요약이 3시간 독서보다 강력하다는 증거 · 51

2부 책 뼈대를 한눈에 꿰뚫는 기술

1. 책 표지를 열기 전 알아야 할 3가지 신호 · 56
2. 목차 해킹 ― 저자의 의도를 30초 만에 파악하라 · 61
3. 서문과 결론이 말해 주는 숨겨진 핵심 · 66
4. 쓸모없는 장을 건너뛰는 직관 훈련법 · 71
5. 책의 구조를 엑스레이로 찍는 4단계 분석 · 76
6. 도입부에서 저자의 약속을 확인하는 법 · 81
7. 중요 문장을 골라내는 독수리의 눈 · 86
8. 장황한 설명을 단칼에 자르는 요약의 칼 · 90

3부 요약의 골든 룰 ― 핵심만 남기고 버려라

1. 핵심 문장을 찾는 3초 스캔 기술 · 96
2. 불필요한 예시와 감정을 걸어 내는 법 · 101
3. 한 문장으로 책을 압축하는 공식 · 105
4. 저자가 반복하는 패턴을 읽는 비법 · 110
5. 숫자와 데이터를 활용한 요약의 힘 · 115
6. 질문으로 핵심을 뽑아내는 소크라틱 방식 · 120
7. 요약 노트 작성을 위한 황금 템플릿 · 125
8. '이건 버려도 된다'는 신호를 알아채는 법 · 130

4부 요약을 습관으로 만드는 실전 훈련

1. 하루 10분으로 시작하는 요약 독서 루틴 · 136
2. 책 선택 가이드 — 쉬운 것부터 공략하라 · 140
3. 5일 만에 요약 마스터가 되는 챌린지 · 144
4. 속독과 요약의 컬래버레이션 — 시간 단축의 극대화 · 150
5. 오디오북과 전자책을 활용한 스마트 요약법 · 155
6. 다른 사람에게 설명하며 요약 실력 키우기 · 160
7. 요약 후 기억을 10배 오래 남기는 복습법 · 165
8. 실패한 요약에서 배우는 3가지 교훈 · 170

5부 요약 독서로 세상을 읽는 리더 되기

1. 한 권의 책으로 산업 트렌드를 읽는 법 · 176
2. 요약 노트를 네트워크 자산으로 바꾸는 기술 · 181
3. 요약으로 리더십을 발휘하라 · 186
4. 다독보다, 정독보다 강력한 요약의 힘 · 191
5. 책에서 뽑은 아이디어로 문제 해결하기 · 196
6. 요약으로 토론에서 이기는 논리 만들기 · 202
7. 지식의 연결 고리를 만드는 요약의 마법 · 207
8. 당신의 인생을 바꿀 마지막 요약 과제 · 212

6부 실전 독서법 — 요약 독서법의 확장과 응용

1. 요약 독서법의 발전과 확장 · 218
2. 핵심을 넘어서 — 요약을 통한 문제 해결 · 222
3. 다양한 장르에서 요약 독서법 활용하기 · 226
4. 요약을 통한 창의력 개발 · 230
5. 요약 독서법을 이용한 장기적 기억력 강화 · 234
6. 습관화된 독서와 요약 · 239

부록 — 『요약 독서법』 요약본 · 243

마치는 글 — 덜어 낸 만큼 남는다 · 250

1부

요약 독서는 어떻게 인생을 바꾸는가

1. 시간 낭비를 끝내라
— 독서의 80퍼센트는 불필요하다

독서는 분명 유익한 활동입니다. 그러나 무분별한 독서는 시간 낭비가 될 수도 있습니다. 저는 그 사실을 너무 늦게 깨달았습니다. 한때는 하루 한 권씩 책을 읽겠다고 다짐했고, 도서관에 들러 무작위로 책을 골라 읽기도 했습니다. 읽는 모든 책에서 인사이트를 얻고 있다는 착각에 빠져 있었습니다. 시간이 지날수록 남는 게 없다는 사실을 깨달았지요. 읽은 책이 많을수록 헷갈리기만 했고, 무엇을 기억해야 할지, 무엇을 기억하고 있는지조차 모르는 상태가 반복됐습니다. 중요한 것은 양이 아니라 본질이었던 겁니다.

책 한 권을 다 읽는다고 해서 반드시 가치 있다고 볼 수는 없습니다. 독서의 80퍼센트는 불필요한 정보, 이미 알고 있는 이야기, 혹은 지금 당장 나에게 필요하지 않은 내용입니다. 제가 읽은 책에서 저에게 실질적으로 가치 있다고 판단되는 부분은 20퍼센트 정도에 불과했습니다. 저는 이 사실을 인지한 뒤부터 책을 다르게 읽기 시작했는데요. 언제 어떤 책을 얼마나 읽든 간에 핵심이 무엇인지 먼저 파악하고 필요한 부분 골라 집중적으로 읽었습니다. 이 방식으로 저는 시간도 아낄 수 있었고, 책에서 얻을 수 있는 현실적 가치에만 집중할 수 있었습니다.

많은 사람이 책을 읽으며 자기 계발을 한다고 말합니다. 하지만 독서가 단지 숫자 채우기식이라면 단연코 시간 낭비라 할 수 있습니다. 책을 얼마나 읽었느냐가 아니라, 어떤 책에서 무엇을 얻었고, 그것을 어떻게 활용했느냐 하는 것이 중요하지요. 저는 독서를 자기 과시 수단으로 삼았던 과거 습관을 과감히 버렸습니다. 누가 쓴 어떤 책을 읽었는지를 자랑삼아 말하는 것이 아니라, 어떤 문제를 해결하기 위해 어떤 정보를 찾았고, 그 결과 어떤 행동을 했는지 핵심에만 집중하기로 결심하고 실천한 겁니다.

책은 정보를 얻는 도구일 뿐입니다. 문제는 정보를 찾는 능력과 그 정보를 정리하고 실행으로 옮기는 힘입니다. 책을 읽고 나서도 아무것도 바뀌지 않는 이유는, 요약하지 않고 정리하지 않고 실행하지 않기 때문입니다. 읽는 행위에만 몰입하고 만족하는 사람이 많은데요.

결과적으로 행동이 바뀌지 않으면 독서는 의미가 없습니다. 이러한 이유로, 한 권을 읽더라도 철저히 요약하고 실행으로 연결시키는 방식을 택해야 하니다.

불필요한 독서를 걸러 내기 위해선 목적부터 명확히 해야 하는데요. 왜 이 책을 읽는가, 지금 나에게 꼭 필요한가, 어떤 문제 해결에 연결되는가. 이러한 질문에 답할 수 없다면 그 책은 지금 읽을 필요가 없습니다. 저는 책을 고를 때 반드시 현재 나의 상황과 연결된 주제인지 먼저 따져 봅니다. 독서 속도는 당연히 느려질 수밖에 없지요. 그러나 집중도는 높아졌고 일의 성과도 확실히 달라집니다. 불필요한 내용을 읽지 않으니 머리가 가벼워지고, 핵심만 정리하니 기억에도 더 오래 남습니다.

정보 과잉 시대에는 선택이 곧 성과입니다. 무작정 많이 읽을 것이 아니라, 선택적으로 읽고 요약하는 기술이 핵심입니다. 저는 독서할 때마다 '이 책에서 얻을 수 있는 한 문장은 무엇인가' 하는 질문을 스스로에게 던집니다. 오직 한 문장을 찾기 위한 독서, 그 문장을 기억하고 적용하기 위한 독서로 바꾸자, 책을 대하는 태도가 달라졌지요. 더 이상 책을 읽으며 길을 잃지 않았고, 쓸모없는 내용을 외우려 애쓰지도 않게 되었습니다. 한 문장이 사고방식을 바꾸고 행동을 변화시키는 단서가 됐습니다.

독서 습관을 바꾸는 데에는 용기가 필요합니다. 책을 끝까지 다 읽지 않는 것에 대해 죄책감을 느끼는 사람이 많은데요. 끝까지 다 읽는다고 해서 무조건 더 똑똑해지는 게 아닙니다. 완독하는 사람 중에는 실질적으로 중요한 20퍼센트를 발견하지 못한 채 책을 덮는 경우가 더 많습니다. 핵심만 뽑아내는 훈련을 해야 합니다. 목차를 읽고, 서문을 보고, 본문에서 중요한 문장을 체크하면서 구조를 파악하는 거지요. 그런 다음 필요한 부분만 집중해서 읽으면 됩니다. 이러한 독서 방식이 훨씬 효율적이고 성과도 분명합니다.

더 이상 책을 '예의 바르게' 읽을 필요가 없습니다. 책은 독자를 위해 존재하는 것이지, 저자를 위해 존재하는 게 아닙니다. 나에게 필요한 정보를 얻기 위한 도구로 사용해야 합니다. 책 한 권을 다 읽고 나서도 정작 아무것도 남는 게 없다면 그것이야말로 시간 낭비 아니겠습니까. 책을 대할 때 철저히 실용적인 관점에서 접근해야 합니다. 내 삶에 어떤 도움이 되는가, 어떤 결정을 더 빠르게 할 수 있게 해주는가, 내가 기억하고 삶에 적용해야 할 부분이 무엇인가. 이러한 기준으로 책을 평가합니다. 기준을 딱 갖추면 독서가 훨씬 유용하고, 책을 도구로 활용하는 능력도 점점 커집니다.

많은 사람이 독서를 통해 성공했다고 말하지만, 그들의 성공은 독서량이 아니라 활용 능력에 달려 있었다는 사실에 주목해야 합니다. 책에서 얻은 아이디어를 실험해 보고, 그것을 개선해 나가는 과정에서 변화가 일어납니다. 책에서 단 하나의 문장을 얻고, 그것을 실행에 옮겼을 때 더 많은 변화를 경험하게 된다는 뜻입니다. 독서가 인생을 바꾼 게 아니라, 요약과 실행이 인생을 바꾼 것이죠. 불필요한 80퍼센트를 버리고, 핵심인 20퍼센트에 집중해야 진짜 독서가 됩니다.

 책을 어떻게 읽고 있는지, 단순히 흥미 위주로만 읽고 있는 것은 아닌지, 아니면 삶의 문제를 해결하기 위해 읽고 있는지, 책 내용을 얼마나 기억하고 있으며, 실제로 삶에 적용하고 있는지. 이러한 질문에 명확히 답할 수 있어야 합니다. 한 권을 읽더라도 제대로 요약하고, 실제 문제 해결에 적용할 수 있어야 합니다. 그렇게 읽는 책 한 권이 열 권, 백 권보다 강력한 변화를 만들 수 있습니다.

 이제 독서를 바꿔야 합니다. 시간 낭비를 끝내야 합니다. 양보다 질, 속도보다 방향, 기억보다 실행입니다. 많이 읽는다고 똑똑해지는 시대는 지났습니다. 핵심을 꿰뚫는 안목과 그 안목을 통해 문제를 해결하는 능력이 진짜 실력입니다. 불필요한 80퍼센트를 걸러 내고 본질적인 20퍼센트를 붙잡는 것! 그것이야말로 우리가 진짜로 추구해야 할 독서입니다.

2. 정보 과부하 시대, 요약이 필수가 된 이유

정보가 넘쳐 나는 시대에 살고 있습니다. 불과 하루 사이에 뉴스, 영상, 콘텐츠, 책, SNS 피드가 쏟아집니다. 필요한 정보보다 필요 없는 정보가 더 많습니다. 뇌는 피로해지고, 집중력은 낮아지고, 결정 장애가 일상이 됐습니다. 정보가 많아졌다고 지혜가 늘어나진 않습니다. 그 반대입니다. 정보가 아무리 많아도 핵심을 찾는 능력이 떨어지면 혼란만 가중됩니다. 이럴 때 필요한 것이 요약이지요.

요약은 정보 속 핵심을 찾는 기술입니다. 요약은 선택의 기준을 만드는 작업입니다. 불필요한 내용을 걸러 내고 필요한 핵심만 남기는 작업이 요약입니다. 요약하지 않으면 정보는 독이 될 수 있습니다. 쏟아지는 정보에 압도당하고, 방향성을 잃고, 핵심도 놓치게 됩니다. 책 읽을 때도, 영상 볼 때도, 회의 자료 만들 때도 마찬가지입니다. 내용은 많지만, 무엇이 중요한지 모를 때 요약의 필요성을 절감하게 되는 거지요.

요약은 단순한 줄임이 아닙니다. 정보를 구조화하고 의미를 부여하는 과정입니다. 요약은 사고의 기술이자 의사 결정의 도구입니다. 많은 사람이 정보를 수집하는 데에만 집중하는데요. 수집만으로는 아무런 가치가 없습니다. 수집한 정보를 정리하고, 비교하고, 결론까지 도출해야 합니다. 이 모든 과정에서 요약 능력이 핵심 역할을 합니다. 요약을 잘하면 정보를 자기화할 수 있고 실행까지 연결할 수도 있습니다. 요약하지 않으면 정보는 흘러가고 사라집니다.

지금과 같은 정보 과부하 시대에는 '읽는 능력'보다 '줄이는 능력'이 더 중요합니다. 시간은 한정되어 있고 정보는 무한하기 때문입니다. 하루 24시간이라는 제한 속에서는 얼마나 많은 정보를 접하느냐보다 어떤 정보를 취하고 어떻게 정리하느냐가 더 중요하지요. 이런 시대 변화에 맞춰 독서법, 메모법, 학습법 모두를 요약 중심으로 바꿔야 합니다. 요약을 기준으로 삼으면 사고가 단순해지고, 집중력이 높아지며, 실천 속도도 빨라집니다. 핵심만 남기고 나머지를 버리는 데 주저하지 말아야 합니다.

요약은 선택입니다. 선택은 방향입니다. 방향은 성과입니다. 요약 잘하면 삶의 방향이 선명해집니다. 요약은 하나의 문장을 뽑아내는 데 그치는 작업이 아닙니다. 핵심을 통찰하는 능력이며 불필요한 것을 내려놓을 줄 아는 용기입니다. 정보는 끊임없이 쏟아지는데요. 그 많은 정보를 어떻게 다루느냐에 따라 삶의 질이 결정되는 것이죠. 요약은 정보의 흐름 속에서 중심을 잡게 해 주는 기술입니다. 누구나 할 수 있지만, 아무나 잘하지는 못합니다. 의식적으로 훈련해야 합니다.

요약을 습관화하기 위해 매일 하나의 콘텐츠를 요약하는 것도 좋은 연습 방법입니다. 기사 하나, 영상 하나, 책 한 챕터를 읽고 한 문장으로 정리해 보는 연습을 하는 거지요. 처음엔 어렵고 어색할 수 있지만, 반복할수록 점점 나아집니다. 불필요한 정보와 핵심 정보를 구분하는 눈이 생깁니다. 핵심을 뽑아내는 감각이 생기면 아무 정보에나 휘둘리는 일 줄어듭니다. 무엇을 말하고 싶은지 명확해지고, 어떤 결정을 내려야 할지도 분명해집니다. 글쓰기에도 아주 편리하겠지요.

검색보다 요약입니다. 검색은 누구나 합니다. 요약은 소수만 합니다. 검색은 정보를 가져오는 기술이고, 요약은 정보를 다루는 기술입니다. 요약은 사고 수준을 드러냅니다. 같은 정보를 얻고도 어떤 사람은 한 문장으로 요약하고 어떤 사람은 장황하게 설명합니다. 요약 잘하는 사람은 생각이 정리되어 있고 사고가 탄탄하며 말과 글이 명확합니다. 요약이 말과 글의 수준까지 결정합니다.

요약은 생산성입니다. 불필요한 정보를 줄이면 시간이 절약되지요. 복잡한 정보를 간단히 정리하면 업무 속도도 빨라집니다. 말과 글의 명료성이 높아지면 커뮤니케이션이 원활해지는 건 당연한 이야기고요. 요약은 학습력, 이해력, 표현력, 설득력 모두를 키워 주는 핵심 도구입니다. 정보가 많다고 유리한 시대가 아닙니다. 핵심을 아는 사람이 이기는 시대입니다. 이기기 위해선 요약이 필요합니다. 요약은 집중력을 높이고, 실행력을 높이며, 결과를 바꿉니다.

요약은 개인의 경쟁력이기도 합니다. 팀에 요약 잘하는 사람이 있으면 회의 시간이 줄어듭니다. 요약 잘된 보고서가 있으면 의사 결정이 빨라집니다. 요약된 자료가 있으면 학습 시간 단축됩니다. 조직에서 요약 능력은 리더십과도 연결됩니다. 리더는 말이 많은 사람이 아니라 핵심을 찌르는 사람입니다. 저는 리더들이 반드시 요약 훈련을 해야 한다고 주장합니다. 요약은 리더십 기술입니다. 사람을 설득하고 조직을 이끄는 데 요약 기술만 한 게 없습니다.

요약을 잘하기 위해선 몇 가지 원칙이 필요합니다.

첫 번째, 목적을 분명히 해야 합니다. 왜 요약하는가, 어떤 문제를 해결하기 위한 요약인가.

두 번째, 구조를 파악해야 합니다. 전체를 보고 맥락을 이해한 후 핵심을 뽑는 거지요.

세 번째, 자신의 언어로 바꿔야 합니다. 남의 말 그대로 옮기는 건 요약 아닙니다. 자기식으로 정리해야 기억에도 오래 남고 응용도 가능합니다.

네 번째, 실행을 염두에 두어야 합니다. 요약은 정리로 끝나면 안 되고 반드시 행동과 연결되어야 합니다.

요약은 시대가 요구하는 생존 전략입니다. 과거에는 정보가 권력이었지만, 지금은 요약이 권력입니다. 정보는 누구나 접근할 수 있지만, 요약은 훈련된 사람만이 할 수 있기 때문입니다. 요약 잘하는 사람은 정보를 지배하고, 정보를 통제하며, 정보를 도구로 사용합니다. 요약 못하는 사람은 정보에 휘둘리고, 피로해지고, 결국은 아무것도 하지 못합니다. 선택과 집중의 시대에 요약은 필수입니다.

요약을 선택이 아닌 습관으로 만들어야 합니다. 요약을 매일 연습하고, 요약 중심으로 사고하고, 요약을 기준으로 말하고 글 써야 합니다. 정보는 계속 늘어날 테지요. 더 복잡하고 혼란스러운 세상에서 자신을 지키기 위해서는 요약 능력이 반드시 필요합니다. 요약은 단순한 기술이 아닙니다. 요약은 사고의 수준이고 인생 설계하는 방식입니다. 정보의 바다에서 길을 잃지 않기 위해 요약이라는 나침반이 있어야 합니다. 요약이 미래를 바꿉니다.

3. 뇌가 원하는 독서
— 핵심만 남기고 버려라

뇌는 복잡한 걸 싫어합니다. 단순한 언어와 명확한 구조를 좋아하지요. 지금 시대 우리는 수많은 정보와 책, 강연, 영상, 광고 등에 둘러싸여 있습니다. 머리가 복잡할 수밖에 없습니다. 뇌가 시달리고 있습니다. 이렇듯 뇌가 과부하에 시달리면 집중력이 떨어지고 기억력이 흐려집니다. 이러한 이유로, 뇌가 원하는 독서를 해야 한다는 거지요. 핵심만 남기고 불필요한 정보를 제거하는 독서입니다.

핵심만 남기는 독서는 단순히 책을 빨리 읽는 게 아닙니다. 중요하지 않은 문장을 버리고, 핵심 개념과 메시지를 명확히 잡아내는 기술입니다. 저는 독서 후에 핵심 문장 하나만 기억할 수 있다면 완성된 독서라고 생각합니다. 뇌는 단 하나의 정보라 하더라도 명확하고 구현 가능하기만 하면 깊이 이해하고 응용할 수 있습니다.

뇌는 생존을 위해 에너지를 줄이는 방향으로 작동합니다. 뇌에 과도한 정보를 주면 우리가 가진 에너지가 고갈됩니다. 핵심 독서는 뇌가 선호하는 방식입니다. 핵심만 남기면 뇌는 정보를 이해하기 쉬워하고 기억을 오래 유지합니다. 불필요한 문장과 예시가 모두 사라지고 핵심만 남는 순간 독서는 뇌 속에서 진짜 지식으로 정착할 준비를 마칩니다. 멋지지 않나요!

핵심 독서를 하기 위해서는 몇 가지 원칙이 필요합니다.

첫 번째, 읽기 전에 목적을 정해야 합니다. 어떤 정보를 얻고 싶은지, 어떤 문제를 해결하고 싶은지 명확하게 정하고 읽기 시작해야 합니다. 그래야 핵심이 분명해지고 불필요한 부분을 걸러 낼 기준이 생깁니다.

두 번째, 목차와 서문을 먼저 분석합니다. 책 전체 구조를 먼저 훑어보면 핵심 흐름이 보입니다. 본문을 읽기 전에 핵심 주제를 파악하면, 책을 읽는 동안 어떤 문장이 중요한지 감지할 수 있게 됩니다.

세 번째, 핵심 문장은 반드시 자신의 언어로 적습니다. 이것이 가장 중요한 포인트입니다. 단순히 밑줄 긋고 달달 외울 게 아니라, 핵심 개념을 자기의 표현 한 문장으로 정리해야 합니다. 이 문장을 나중에 다시 보면 책 전체 기억을 떠올릴 수 있습니다.

네 번째, 불필요한 문장은 과감히 버려야 합니다. 예시나 사례는 흥미를 위한 것이지 핵심은 아니지요. 뇌는 명확하고 직설적인 정보만 원합니다. 핵심 메시지와 관련 없는 내용은 과감히 버릴 수 있어야 합니다.

다섯 번째, 핵심을 실천으로 옮기는 것이 중요합니다. 아무리 훌륭한 문장이라도 행동으로 연결되지 않으면 의미가 없습니다. 결과는 오직 행동으로만 비롯됩니다. 뇌는 행동 경험에도 민감합니다. 핵심을 읽고 어떻게 실천할 것인지 계획하고 실천해야 뇌에 지식으로 남는 겁니다. 핵심 독서는 실천을 전제로 합니다.

핵심만 남기는 독서는 책을 읽고 요약하는 훈련으로 이어집니다. 한 문장 독서, 한 줄 리뷰, 한 줄 핵심 정리는 뇌에 강력한 인상을 남깁니다. 불필요한 내용이 사라진 공간에 핵심이 딱 자리 잡으면 뇌는 다시 그 내용을 확장시킵니다.

핵심 독서를 하면 정보가 빠르게 연결됩니다. 서로 다른 책의 내용들이 엮여 새로운 통찰이 생깁니다. 한 문장 독서가 모이고 쌓여 복합적인 사고를 할 수 있게 된다는 뜻입니다. 뇌는 단순한 정보가 아니라 연결된 정보를 원합니다. 핵심만 남긴 정보가 연결될 때 지식의 네트워크가 형성됩니다.

핵심 독서는 또한 집중력도 높여 줍니다. 핵심만 읽으니 쓸데없는 산만한 정보에 에너지가 분산될 일이 없지요. 집중력이 올라가면 책 읽는 속도가 저절로 빨라지고, 학습 흐름도 끊기지 않습니다. 핵심 독서를 습관화한 사람은 집중력이 단시간에 극도로 높아집니다, 정보 흡수가 선명해지니까 한마디로 똑똑해진다는 의미입니다.

뇌가 원하는 독서 방식이 핵심 독서인 이유는 무엇일까요? 정보가 많아질수록 사람은 핵심에서 벗어나기 쉽습니다. 핵심이 없으면 판단이 흐려지고, 당연히 갈팡질팡 방황하게 되겠지요. 핵심 독서는 복잡하고 많은 정보 속에서도 뇌의 항로를 잡아 주는 역할을 합니다.

핵심 독서 훈련은 책뿐 아니라 기사, 리포트, 영상 등 모든 콘텐츠에 적용할 수 있습니다. 핵심만 남기면 시간이 절약되고, 에너지도 아낄 수 있습니다. 뇌는 불필요한 정보를 빠르게 걸러 내고 핵심을 구조화하는 순간 안정감을 느낍니다. 안정된 뇌는 창의적인 사고를 할 수 있습니다. 한마디로 성장과 발전의 기초가 된다는 뜻입니다.

마지막으로, 핵심 독서는 뇌가 원하는 단순함을 제공합니다. 뇌는 핵심 구조, 즉 단순하고 명확한 구조를 선호합니다. 핵심 정보를 반복적으로 보고 자기 언어로 재정리하면 그것은 '나'의 문화로 자리 잡습니다. 문화는 자동화된 행동으로 이어지고, 이어서 습관이 되겠지요. 핵심 독서가 만든 습관은 평생을 바꿀 수 있는 힘이 됩니다.

뇌가 원하는 독서는 핵심만 남기고 불필요한 군더더기는 모조리 버리는 방식입니다. 단 하나의 핵심 문장만으로도 뇌는 충분히 만족합니다. 핵심 독서는 단순한 독서법이 아니라 뇌와 협력하는 삶의 방식이라 할 수 있습니다. 뇌가 원하는 독서를 선택할 때, 우리 사고는 명확해지고, 삶은 단순해지며, 성과는 빠르게 나타날 겁니다. 핵심만 남기고 나머지는 버리는 독서 습관을 만들어야 합니다. 그래야 복잡하고 혼란스러운 지금의 세상에서 중심을 잡고 살아갈 수 있습니다.

4. 성공한 리더들이
요약 독서를 사랑한다는 비밀

성공한 리더들이 요약 독서를 사랑하는 데는 분명한 이유가 있습니다. 그들은 단순히 많은 책을 읽는 게 아니라, 읽은 내용을 곧바로 삶과 일에 연결시킬 수 있는 사람들이죠. 요약은 그 연결 고리 역할을 하는 겁니다. 요약은 단순히 줄이기만 하는 작업이 아니라, 정보의 골자를 파악하고 그것을 의사 결정과 행동으로 전환시키는 기술입니다. 리더는 매 순간 선택하고 결정을 내려야 합니다. 그 과정에서 책의 모든 내용을 기억할 순 없겠지요. 핵심 문장 하나는 늘 곁에 두고 있어야 합니다. 가치관, 철학, 슬로건 등 다양한 이름으로 표현합니다. 성공한 리더들은 요약 독서를 통해 핵심 문장을 얻고, 그것을 실행의 도구로 사용합니다.

리더는 시간 관리의 대가입니다. 하루는 24시간으로 한정되어 있습니다. 성공한 리더들은 한정된 시간 안에서 가치 있는 정보를 흡수합니다. 그러기 위해 요약은 필수입니다. 그들은 책 한 권을 읽기보다 핵심만 요약해서 반복 학습하는 방식을 선택합니다. 핵심 문장만 반복해서 음미하고, 그것을 실제 행동 계획의 기준으로 삼는 거지요. 깊이 있는 지식도 좋겠지만 '실천할 수 있는 지혜'를 통해 성공에 이르는 겁니다.

요약 독서는 뇌의 부하를 줄입니다. 정보 과잉 시대에 뇌는 단순하고 명확한 흐름을 원합니다. 성공한 리더는 복잡한 내용을 간결하게 정리할 줄 알며, 뇌가 잘 받아들일 수 있는 방식으로 정보를 구조화합니다. 이것이 요약 독서의 첫 번째 비밀입니다. 복잡함을 버리고 핵심만 추출하는 능력이 결국 리더의 집중력과 판단력을 높여 주는 겁니다.

둘째, 성공한 리더들은 요약을 통해 자기만의 언어로 재구성합니다. 요약하는 것만으로는 부족합니다. 요약을 자신만의 언어로 다시 적는 순간, 그것은 개인화된 지식으로 바뀌는데요. 리더는 이 개인화된 지식을 기반으로 전략을 세우고 방향을 잡습니다. 리더는 사내 보고서나 루틴 회의에서도 요약된 정보를 자신만의 관점으로 재구성해 공유합니다. 이것은 단순한 전달이 아니라, 권위와 공감을 함께 얻는 방식입니다.

셋째, 요약은 리더의 커뮤니케이션 무기가 되기도 합니다. 성공한 리더들은 짧고 굵은 요약으로 메시지를 전달합니다. 회의에서나 연설에서나 핵심을 놓치지 않는 힘을 보여 줍니다. 요약된 문장은 전달력을 높이고 청중의 이해를 돕습니다. 이는 결국 리더십과 영향력으로 연결될 수밖에 없겠지요.

넷째, 요약은 리더의 전략적 사고를 돕습니다. 성공한 리더들은 요약을 통해 지식을 연결하고 응용합니다. 한 책의 핵심이 다른 책이나 데이터와 어떻게 결합되는지 스스로 묻고, 기어이 연결 고리를 만들어 냅니다. 요약된 정보가 입체적으로 통합될 때 전략이 형성되는데요. 이러한 이유로, 요약은 단절된 정보를 통합된 그림으로 만드는 강력한 도구라 할 수 있겠습니다.

다섯째, 요약은 리더의 학습 속도를 높입니다. 핵심만 남기면 기억 유지가 높아질 테지요. 리더들은 핵심 문장을 수첩이나 디지털 노트로 정리해 반복 학습합니다. 반복된 요약은 장기 기억을 강화하고, 언제든지 꺼내 쓸 수 있는 지식 자산이 됩니다. 요약은 리더의 삶에 보석과도 같은 도구인 겁니다.

여섯째, 요약은 리더의 회복 탄력성을 높입니다. 리더에게는 위기와 실수를 빠르게 분석하고 대응해야 할 상황이 자주 다가옵니다. 요약된 학습이 쌓여 있다면, 과거의 사례와 철학 또는 원칙 등을 핵심적인 내용 위주로 떠올릴 수 있을 겁니다. 위기의 순간에도 균형을 유지할 수 있는 힘이 요약 안에 있다는 말입니다.

일곱째, 요약은 리더의 영향력을 강화합니다. 요약을 통해 얻은 통찰은 강연, 회의, 평가, 면담 등 모든 상황에서 빛을 발합니다. 핵심을 콕 집어 말하는 사람은 권위가 생기고 사람들이 신뢰합니다. 그것이 리더 최고의 무기 아니겠습니까.

마지막으로, 성공한 리더들은 요약을 습관화합니다. 하루 하나, 한 주 하나, 한 달 하나씩 요약할 대상과 시간을 정해 놓고 읽고 정리합니다. 그 습관이 쌓여 지식으로 축적되고, 역량도 점점 탁월해집니다. 무작정 양만 늘리는 독서가 아니라, 요약을 통한 질적인 깊이와 응용력 키우는 독서가 제대로 된 리더를 만든다는 사실을 그들은 경험으로 알고 있습니다.

요약 독서야말로 단순한 읽기를 넘어 리더의 사고, 실행, 커뮤니케이션, 전략, 영향력을 동시에 강화하는 신기술입니다. 성공한 리더들은 요약 독서를 사랑합니다. 그들은 핵심만 남기고 불필요한 것을 버리는 기술이야말로 진짜 경쟁력이라고 믿습니다.

우리도 이제 요약 독서를 시작해야 합니다. 책을 읽을 때, 핵심 문장 한두 개만 남기고 불필요한 내용은 과감하게 버릴 줄 알아야 합니다. 그렇게 해서 남긴 한 문장을 일상에 적용하고, 사람들과 나누고, 다시 요약하고 반복하는 거지요. 책 읽는 시간은 줄어드는 반면, 삶의 품질은 올라갑니다. 핵심을 파악하는 힘은 선택을 명확하게 만들고, 선택을 명확하게 하는 사람은 자연스럽게 리더가 됩니다.

요약 독서는 리더의 무기입니다. 단순한 요령이 아니라 생각, 감정, 행동을 정리하고 다시 행동으로 옮기는 일련의 시스템입니다. 성공한 리더들은 그 시스템을 사랑했고, 그 시스템은 그들을 리더로 만들었습니다. 리더십의 핵심이 요약 독서란 사실, 잊지 말았으면 좋겠습니다.

5. 지식의 쓰레기통에서 보물을 건지는 법

매일 엄청난 정보가 쏟아지는데요. 상당 부분은 쓰레기입니다. 쓰레기라는 말이 어감이 좋지 않습니다. 그러나 내게 가치 없는 것은 쓰레기입니다. 종일 스마트폰을 들여다보고 있지만, 그중 상당한 양이 우리에게 가치 없거나 지금 당장 활용할 수 없는 정보라는 뜻입니다. 성공적인 삶을 위해 중요한 것은 단순히 정보를 많이 모으는 것이 아니라, '보물'을 골라내는 능력입니다. 이 능력이야말로 진짜 지식이자 정보 분별력이라 할 수 있습니다.

첫 번째, 정보가 가치 있는지 판단하는 기준을 가져야 합니다. 무턱대고 정보나 지식을 받아들이기만 하면, 우리는 쓰레기통이 되고 말 겁니다. 명확한 기준이 있다면 머릿속이 정리되겠지요. 제가 가진 기준은 다음과 같습니다. '내 목표와 연결되는가. 당장 실행 가능한가. 기존 지식과 연관성이 있는가.' 이 세 가지 기준으로 정보를 거르면 쓸데없는 것들은 싹 다 걸러지고 중요한 핵심만 남길 수 있습니다.

두 번째, '분류'할 줄 알아야 합니다. 지식의 쓰레기통에 쓰레기처럼 섞여 있을 수 있지만, 거기서 보물을 찾을 수 있습니다. 필요한 정보는 보물이고, 불필요한 정보는 쓰레기입니다. 이를 분류하려면 정보를 저장하고 정리하는 시스템이 필요한데요. 노트나 수첩 또는 앱에 정보를 넣을 때 A, B, C 등급으로 분류하면 좋습니다. A는 바로 실행해야 할 것, B는 참고하면 좋을 것, C는 나중에 검토할 정보입니다. 이 분류가 없어서는 안 될 지식 관리 도구가 되는 거지요.

세 번째는 '핵심 추출'입니다. A 등급에 해당하는 정보를 자기만의 언어로 한 줄 정리 하는 겁니다. 한 줄 요약은 '압축된 보석'과도 같습니다. 해당 문장을 노트에 적으면서 자연스럽게 기억하고 수시로 꺼내 볼 수 있습니다. 한 줄 요약은 쓰레기통 속에서 꺼낸 보물을 금박으로 싸는 것과 같은 행위입니다.

네 번째는 '재해석'입니다. 한 줄 요약만 했다고 해서 자기 것이 되는 것은 아닙니다. 문장을 읽고 나서 그 의미를 자기만의 언어로 다시 적어야 합니다. "이 개념은 자이언트 운영에 이렇게 적용할 수 있다.", "이 이론은 내 글쓰기 방식에 이렇게 반영할 수 있다."처럼 구체적인 실행 연결 문장을 작성하는 거지요. 이렇게 하면 정보는 단순한 문장이 아니라 실제 가치로 바뀝니다. 즉시 써먹을 수 있지요.

다섯 번째는 '실행과 피드백'입니다. 보물처럼 선별한 아이디어라도 실행하지 않으면 금방 쓰레기가 됩니다. 실천을 전제로 하지 않은 지식은 무의미합니다. 한 줄 요약 뒤에 "오늘 또는 이번 주에 시도해 본다."라는 메모를 덧붙입니다. 실행 후에는 "성과가 어땠는가?", "어떤 부분을 조정할까?", "효과가 있었는가?" 등을 다시 기록합니다. 이렇게 하면 정보 하나가 학습의 순환 고리로 돌고 돌며 체계적인 지식으로 남게 됩니다.

여섯 번째는 '정기적 리뷰'입니다. 쓰레기통이라 불렸던 옛 정보를 보물로 바꾸려면 주기적으로 돌아보아야 합니다. 한 달에 한 번 A 등급 노트를 다시 확인해야 합니다. 여전히 중요하다 싶으면 요약을 반복하고 실행 계획을 업데이트합니다. 쓸모없다 싶은 정보는 삭제하거나 C 등급으로 이동시킵니다. 노트와 메모 앱을 계속 정리하면서 가치 있는 지식만 남기는 거지요.

일곱 번째는 '지식의 연결성'입니다. 정보는 연결될 때 보물이 됩니다. 여러 분야 책에서 얻은 A 등급 정보를 서로 연결합니다. 예를 들어, 생산성 관련 핵심 개념이 글쓰기 시스템에 어떻게 도움 되는지, 책에서 배운 리더십 관점을 우리 작가들 관리에 어떻게 연결할 수 있는지 정리하는 거지요. 연결된 지식은 단편적 정보와는 차원이 다르게 활용력이 뛰어납니다.

여덟 번째는 '전달과 나눔'입니다. 정보를 정리하고 실행했다면, 그것을 다른 사람들과 나눠야 합니다. 공유는 지식의 보관소를 튼튼하게 만드는 방법이지요. 요약된 핵심 아이디어를 파워포인트 슬라이드로 만들어 강의할 때 활용합니다. 또는 수첩에 정리한 내용을 기반으로 블로그 포스팅을 발행하기도 합니다.

마지막 아홉 번째는 '습관화'입니다. 지식 쓰레기통에서 제대로 보물을 건지려면 반복이 필요합니다. 하루에 하나, 주에 하나, 한 달에 하나씩 핵심 노트를 만드는 습관을 들이는 것이 좋습니다. 그런 습관이 쌓이면서 지식 시스템이 자리 잡힙니다. 일정 기간이 지나면, 정보가 자동으로 걸러지고 분류되고 실행되는 흐름이 일상이 될 겁니다.

'쓰레기통 비움'이 지식 관리의 시작이라고 확신합니다. 뇌는 혼돈을 싫어하고 단순함을 원합니다. 단순함은 정리된 지식에서 옵니다. 과정은 단순해 보이지만, 실행하면 생각 이상으로 삶이 정돈됩니다. 중요한 것만 남고 불필요한 것은 쓸어 내니 삶도 가벼워지고 집중력도 강해지는 거지요.

지식과 정보의 쓰레기통에서 보물을 건지는 법은 단순하지만 강력한 지식 관리 방법입니다. 기준을 세우고, 분류하고, 핵심을 추출하고, 실행하고, 리뷰하고, 연결하고, 나누고, 습관화하면 지식과 정보의 소비자가 아니라 생산자가 됩니다. 보물을 캐는 사람이 성공하는 것, 당연하지 않겠습니까.

6. 요약 독서의 첫걸음
— 책을 덮기 전에 해야 할 질문

 독서는 단순히 책을 읽는 과정에서 그치는 것이 아닙니다. 책에서 어떤 정보를 얻을 수 있을지, 어떤 교훈을 얻을 수 있을지 생각하는 태도가 중요합니다. 많은 사람이 책을 읽고 나서 바로 덮어 버리는데요. 그 전에 해야 할 중요한 과정이 있습니다. 바로 '책을 덮기 전에 스스로 질문 던지기'입니다. 질문하는 습관은 독서 효율성을 극대화합니다. 독서를 통해 얻은 지식이나 가치를 내 것으로 만들 수 있기 때문이지요.

 책을 덮기 전에 해야 할 첫 번째 질문은 "이 책을 통해 얻고자 했던 핵심 정보는 무엇인가?"입니다. 이 질문은 독서의 목적을 명확히 하는 데 큰 도움이 됩니다. 책을 읽기 전에 무엇을 얻을지, 어떤 문제를 해결할지 계획을 세우는 것이 중요한데요. 아무런 계획 없이 책을 읽으면 정보가 산만하게 흩어지고, 내가 책에서 얻고자 했던 핵심이 무엇인지 알지 못한 채 독서를 끝내게 됩니다. 이런 현상은 시간 낭비와 다를 바가 없습니다. 내가 무엇을 얻고자 했는지 명확히 알면, 책을 읽는 동안 집중할 수 있고 기억에도 잘 남습니다. 핵심 정보를 빠르게 파악하고 나면, 나머지 정보는 기존에 내가 가지고 있던 배경지식과 연결하여 필요한 부분만 선택적으로 기억할 수 있게 됩니다.

두 번째 질문은 "이 책의 주요 아이디어나 주장에 대한 나의 생각은 무엇인가?"입니다. 책을 읽으면서 단순히 저자의 주장에 동의만 하는 것은 의미 없습니다. 독서는 저자의 생각과 판단을 받아들이기만 하는 과정이 아니라, 저자의 주장을 내 관점에서 해석하고 비판적으로 사고하는 과정이라 할 수 있겠지요. 이 내용은 내 경험과 어떤 부분에서 맞고 어떤 부분에서 차이가 나는지 스스로 생각해 보아야 합니다. 그 과정에서 책의 핵심 내용이 더 견고하게 내 것으로 만들어질 수 있습니다. 비판적 사고 과정이 독서 수준을 높이고, 책 읽은 후 얻은 지식을 오래도록 기억에 남게 합니다.

세 번째 질문은 "이 책에서 내가 실천할 수 있는 바는 무엇인가?"입니다. 독서에서 가장 중요한 것은 얻은 정보를 어떻게 실천할 것인가 하는 거지요. 자기 계발서나 경영 서적을 읽고 나서 저자의 주장이 실생활에서 어떻게 구현될 수 있는지 구체적인 실행 계획을 세워 보아야 합니다. 저자의 말을 단순히 읽고 끝내는 것이 아니라, 실천 가능한 행동으로 옮겨야만 진정한 변화와 성장을 경험할 수 있습니다. 책에서 얻은 지식이 실제로 내 삶에 변화를 일으킬 수 있는가. 이것이 독서의 본질 아닐까요?

네 번째 질문은 "이 책에서 내가 놓친 부분은 무엇인가?"입니다. 책을 다 읽고 나서 자신이 놓친 부분을 다시 점검하는 과정은 중요합니다. 빠른 속도로 재독하면, 처음에는 보이지 않았던 중요한 정보나 내용이 눈에 띌 수 있습니다. 놓친 부분을 다시 짚어 보면, 내가 읽은 내용에 대해 더 깊이 있는 통찰을 얻을 수 있습니다. 내용을 더 잘 이해하는 것은 물론이고요. 놓친 부분을 다시 떠올리면서 재독하면, 독서 경험을 더 풍부하게 만들 수 있습니다.

다섯 번째 질문은 "이 책에서 제공하는 정보가 나의 목표에 어떻게 도움이 되는가?"입니다. 개인은 각자 다른 목표를 가지고 살아갑니다. 직장에서의 성공, 개인적인 성장, 대인 관계의 개선 등 목표는 다양합니다. 책을 읽으면서 이 정보가 내 목표 달성에 어떻게 기여할 수 있을지를 생각하는 거지요. 효율적인 시간 관리 방법에 관한 책을 읽었다면, 그 책에서 제공하는 방법들이 나의 일상에 어떻게 도움이 될 수 있을지를 생각해 봐야 합니다. 이 과정이 바로 내가 책을 통해 얻은 지식을 더 구체적이고 실용적으로 만드는 방법입니다.

여섯 번째 질문은 "이 책을 통해 내가 다른 사람에게 전달할 수 있는 중요한 메시지는 무엇인가?"입니다. 책을 읽고 나면 나에게 가장 중요한 메시지를 찾아내는데요. 메시지는 나만의 지식으로 만들 수 있을 뿐만 아니라, 다른 사람들과 공유할 수 있는 가치 있는 정보로 변할 수 있습니다. 핵심 내용을 친구, 동료, 가족, SNS 이웃 등 여러 사람들에게 전달하면 독서 경험은 나 혼자만의 것이 아니라 나를 둘러싼 사람들에게도 영향을 미치는 것이 되겠지요. 사람들에게 전달할 수 있는 핵심적인 메시지를 뽑아내는 과정은 책을 더욱 의미 있게 만듭니다.

마지막으로 "이 책을 읽은 후 앞으로 더 나은 독서 습관을 가지기 위해 무엇을 할 것인가?"라는 질문을 던져야 합니다. 독서는 단 한 번의 경험으로 끝낼 게 아니라 지속적으로 성장하기 위한 과정이어야 합니다. 어떤 책을 읽었고, 그 책을 통해 무엇을 배웠는지 돌아보는 것만으로 끝내지 말고, 그 경험을 바탕으로 다음 독서 계획을 세우는 것도 필요합니다. 다음에는 어떤 종류의 책을 읽을지, 독서할 때 어떻게 더 효과적으로 읽을지. 이렇게 고민하면서 읽으면, 점차 독서의 질이 향상되고 성장에도 실질적인 도움 됩니다.

책을 덮기 전에 던져야 할 질문들은 단순히 책을 읽고 끝내는 것이 아니라 그 책을 통해 내 삶에 실질적인 변화를 이끌어 내기 위한 방법입니다. 독서는 그 자체로 중요한 과정이지만, 다 읽고 나서 중요한 질문을 던짐으로써 더 큰 가치를 얻을 수 있습니다. 질문을 통해 독서하는 동안 더 집중하고 깊이 있는 통찰을 얻을 수 있기 때문입니다. 독서는 정보나 지식 혹은 지혜를 얻는 과정일 뿐만 아니라 나 자신을 성장시키고, 삶을 변화시키며, 다른 이들에게 선한 영향을 전하는 중요한 도구가 될 수 있습니다.

독서의 진정한 목적은 책 읽는 자체가 아니라 그 책을 통해 내가 무엇을 얻고, 내 삶에 어떤 변화를 일으킬 수 있는가 하는 거지요. 질문 독서는 성장을 위한 발판이 됩니다.

7. 당신의 독서 습관을 점검하는 5가지 체크리스트

독서가 삶에 긍정적인 영향을 미치려면 올바른 독서 습관이 필요합니다. 독서 습관을 점검하는 것은 책을 어떻게 읽고, 그 내용이 내 삶에 어떻게 적용될지를 고민하는 과정입니다. 독서 습관을 점검하는 다섯 가지 체크리스트를 통해, 독서가 정말 나에게 의미 있는 활동이 되고 있는지 점검할 수 있습니다.

(1) 이 책을 읽는 목적은 무엇인가?

독서를 시작하기 전 중요한 질문은 "왜 이 책을 읽는가?"입니다. 책을 읽는 목적은 사람마다 다릅니다. 어떤 사람은 지식 습득을 위해, 어떤 사람은 새로운 아이디어를 얻기 위해, 또 어떤 사람은 단순히 취미나 오락을 위해 읽습니다. 독서의 진정한 가치는 내가 책을 통해 무엇을 얻을 수 있는지 명확히 아는 데서 비롯됩니다. 자기 계발서를 읽고자 한다면, 내가 이 책을 통해 어떤 변화를 이끌어 내고 싶은지 명확히 해야 합니다. 읽기 전에 목표를 설정하지 않으면, 읽은 내용이 실질적인 도움이 되지 않습니다. 독서를 시작하기 전에 그 책을 통해 무엇을 얻을지 목표를 세우는 것이 중요합니다.

(2) 책 읽는 방식은 체계적인가?

책 읽는 방식도 중요합니다. 핵심을 추출하고 그것을 내 일상에 어떻게 적용할지를 고민해야 합니다. '기계적으로 읽지만 말고', 중요한 내용을 요약하며 읽어야 합니다. 읽은 내용을 기억하고 활용하기 위해 메모하는 습관도 길러야 합니다. 독서 노트를 작성하며 중요한 부분을 기록하고, 이를 나중에 다시 참고할 수 있게 하면 독서 효과를 극대화할 수 있습니다. 읽은 내용이 단순히 내 머릿속에 쌓이기만 하는 게 아니라, 실생활에 적용할 수 있도록 체계적으로 정리하는 습관을 들여야 하는 거지요.

(3) 다 읽은 후, 내용을 어떻게 기억하고 적용할 것인가?

책을 다 읽고 나면, 그 책에서 배운 내용을 기억하고 실천해야 합니다. 책을 다 읽고 나서 바로 덮고, 그 내용에 대해 다시 생각하지 않는 경우가 많은데요. 독서의 진정한 가치는 책에서 얻은 지식을 내 삶에 어떻게 적용할 수 있는지 궁리하는 과정에서 비롯됩니다. 책을 읽은 후 다시 한번 주요 내용을 요약하고, 그 내용이 나의 목표나 생활에 어떻게 연결될 수 있을지 생각해야 합니다. 독서 후 실천 계획을 세우고, 그 내용을 행동으로 옮길 수 있도록 하는 것이 독서 가치를 높일 수 있는 방법입니다.

(4) 다양한 책을 읽고 있는가?

독서 습관을 점검할 때, 내가 얼마나 다양한 책을 읽고 있는지 확인하는 것도 중요한 작업입니다. 계속 같은 주제나 장르의 책만 읽고 있다면, 그것은 나의 사고의 폭을 좁히는 원인이 됩니다. 다양한 분야의 책을 읽으면 지식의 폭이 넓어지고, 그것은 새로운 아이디어나 통찰을 얻는 데 도움이 되지요. 자기 계발서, 역사, 과학, 철학, 심리학, 뇌 과학, 인문학 등 다양하게 읽으면서 다양한 관점을 가질 필요가 있습니다. 우리에게 일어나는 일상의 모든 문제와 사건도 다양하지 않습니까. 관점을 여러 가지로 장착하는 것이 문제 해결에 도움된단 말이지요.

(5) 독서 후, 나는 제대로 성장하고 있는가?

독서의 가장 중요한 목적은 성장입니다. 책을 읽고 난 후, 그 내용이 내 삶에 실제로 어떤 영향을 미쳤는지 점검하는 과정이 중요합니다. 독서를 통해 목표를 향해 나아가고 있는지, 삶의 질은 향상되고 있는지, 책에서 얻은 지식이 어떻게 변화로 이어지고 있는지 돌아봐야 합니다. '시간 관리'와 관련된 책을 읽었다면, 그 책을 통해 배운 내용을 실제로 실행에 옮겨 일정을 더 효율적으로 관리하고 있는지를 점검해야 한다는 뜻입니다. 열심히 책을 읽는데도 삶에 실질적인 변화가 일어나지 않는다면, 그것은 단순한 정보 습득에 그친 독서입니다. 독서의 효과를 제대로 얻지 못한 거지요. 성장, 지속적으로 점검해야 합니다.

다섯 가지 체크리스트를 통해 독서 습관을 점검하고, 나의 독서가 더 이상 시간 낭비가 아니라 성장과 목표 달성에 실질적인 도움이 되는지 확인해 보는 과정이 꼭 필요합니다. 독서는 단순한 책 읽기가 아니라 삶을 바꾸는 중요한 도구입니다. 올바른 독서 습관을 가질 때, 독서는 나에게 더 큰 가치를 제공하게 되는 것이죠. 독서 습관을 점검하고 개선함으로써 더 나은 내가 될 수 있도록 노력해야겠습니다.

8. 3분 요약이
3시간 독서보다 강력하다는 증거

책 읽는 것도 중요하지만, 책에서 얻은 핵심을 어떻게 요약하고, 실제로 어떻게 적용할 것인가 하는 점이 훨씬 중요합니다. 지금 시대 사람들은 하루에도 수백 개의 정보와 콘텐츠를 접하지만, 정작 그 많은 내용을 삶에 제대로 적용하는 일은 거의 없습니다. 책을 읽고 나서도 그 내용을 실제로 어떻게 적용할지 모른다면 독서 효과는 제한적일 수밖에 없겠지요. 책을 읽은 후 그 내용을 어떻게 기억하고 실천에 옮길 것인가 하는 것이 관건입니다.

독서하다 보면 기억에 남는 부분도 있지만, 대체로 많은 내용을 그냥 잊어버리곤 하는데요. 심지어 어떤 책은 읽은 적이 있는지 기억조차 나지 않기도 합니다. 핵심을 요약하고, 핵심 내용을 나의 언어로 정리하는 습관을 가지면, 책의 진정한 가치를 온전히 흡수할 수 있게 됩니다. 요약 독서는 단순히 시간을 아끼는 방법이 아니라, 책에서 얻은 지식을 내 삶에 맞게 재구성하는 과정입니다.

단순히 줄이기만 하는 작업이 아니라, 책의 핵심 메시지를 나의 언어로 재해석하는 행위입니다. 이 과정을 통해 중요한 내용을 파악하고, 그것을 실제로 내 삶에 어떻게 적용할지 고민하게 되는 거지요. 수동적인 읽기가 아니라 적극적인 자기 대화의 시간이 됩니다. 책을 읽은 후 핵심을 다시 정리하는 과정을 거치면서, 우리는 책을 '읽은 사람'이 아니라, '책을 살아 낸 사람'이 됩니다.

요약 독서가 중요한 이유는 핵심을 파악하고 그것을 내 삶에 적용할 수 있기 때문입니다. 이 과정은 책을 읽는 것 이상의 가치를 줍니다. 세 시간 동안 책을 읽는 것보다, 그 책에서 핵심만을 뽑아내어 3분 안에 요약할 수 있는 능력이 훨씬 중요합니다. 강력한 학습 방법이 될 수 있기 때문이죠. 무조건 많이 읽는 게 중요한 게 아니라, 책을 통해 얼마나 효과적으로 배우고 성장하는지가 중요한 것 아니겠습니까.

요약을 통해 시간도 절약하고, 책에서 얻은 정보를 '내 것'으로 만들 수도 있습니다. 책에서 얻은 핵심 아이디어를 내 삶에 어떻게 적용할 수 있을지가 가장 중요합니다. 요약은 책의 핵심을 내 삶에 맞게 '편집'하는 과정입니다. 이 과정에서 나만의 방식으로 책을 요약하고, 요약을 통해 얻은 지식을 일상에 적용하는 것이 진정한 독서입니다.

핵심을 파악하고 그 핵심을 자기 언어로 바꾸면서 더 깊은 이해를 하게 됩니다. 그렇게 요약된 내용은 기억 속에 오랫동안 남고, 실제 삶에 활용할 수 있습니다. 요약 독서를 하면 할수록 책에서 얻은 가치는 훨씬 더 커지게 됩니다.

그렇다면 요약 독서는 어떻게 시작할 수 있을까요? 가장 간단한 방법은 매일 읽은 책에서 한 문장을 고르고, 그 문장을 기준으로 생각을 정리해 보는 겁니다. 처음에는 당연히 어렵고 힘들겠지요. 꾸준히 이어 가다 보면 점점 요약이 자연스러워지고, 책의 핵심을 빠르게 파악하는 능력이 길러집니다. 책을 읽고 나서 바로 그 책의 핵심을 요약하는 습관을 들이면, 독서 효과를 극대화할 수 있습니다.

책을 다 읽고 나서만 요약하는 게 아니라, 독서 중에도 요약하는 습관을 들여야 합니다. 중요한 부분을 기억해 두고, 나중에 쉽게 찾아낼 수 있도록 메모하거나 표시하는 것이 도움이 됩니다. 이렇게 함으로써, 책 읽은 후 요약이 훨씬 더 쉽게 이루어질 수 있습니다.

3분 요약이 세 시간 독서보다 강력한 이유는 요약을 통해 핵심적인 내용을 빠르게 파악하고, 그것을 실생활에 어떻게 적용할 것인지

고민하는 과정이기 때문입니다. 이 과정은 단순히 책을 읽은 시간에 비례하지 않고, 그 책에서 얻은 중요한 정보를 얼마나 잘 요약하고 활용할 수 있느냐에 달려 있습니다. 세 시간 독서를 쪼개어 3분 만에 핵심을 요약하는 습관을 들이면, 훨씬 더 효율적인 독서가 가능해집니다.

요약 독서를 통해 얻은 지식은 나만의 지식이 되고, 그것을 바탕으로 나의 삶에 실질적인 변화를 가져올 수 있습니다. 중요한 건 시간이 아니라 '깊이'입니다. 3분 요약을 통해 책 읽은 시간을 내 것으로 만들 수 있습니다. 요약 독서가 독서 습관과 삶을 바꿀 수 있는 첫걸음이 될 겁니다.

2부

책 뼈대를 한눈에 꿰뚫는 기술

1. 책 표지를 열기 전 알아야 할
3가지 신호

　책을 좋아하는 사람이라면 누구나 이런 고민 한 번쯤 해 보았을 겁니다.

　'이 책이 과연 나에게 도움이 될까?'

　서점의 수많은 책 사이에서 눈에 띄는 제목이나 자극적인 문구에 끌려 손에 들었지만, 몇 장 넘기기도 전에 놓아 버린 경험도 있을 테지요. 혹은, 끝까지 읽었지만 아무런 울림 없이 덮어 버린 책도 없지 않았을 겁니다.

　시간이 부족한 요즘, '무조건 많이 읽는 독서'보다 '제대로 골라 읽는 독서'가 훨씬 중요해졌습니다. 책 표지를 열기 전에 반드시 확인해야 할 세 가지 신호에 대해 정리해 보고자 합니다. 이 신호만 잘 포착해도, 시간과 에너지를 낭비하지 않고 진짜 나에게 필요한 책을 만나는 기회를 얻게 될 겁니다.

저도 한동안은 책을 '읽는 행위' 자체에 몰입했던 시기가 있었습니다. 하루 한 권 읽기를 목표로 두기도 했고, SNS에 올릴 리뷰 사진을 위해 책을 펼치기도 했습니다. 하지만 어느 순간부터 책 내용이 하나도 남지 않는다는 느낌이 들기 시작했습니다. 읽었지만 생각은 깊어지지 않았고, 넘긴 페이지는 많았지만 남는 문장은 없었습니다. 그제야 깨달았습니다. 책을 읽는 것이 중요한 게 아니라, '나에게 맞는 책을 읽는 것'이 훨씬 더 중요하다는 사실을 말이지요.

첫째, '현재의 나와 연결되어 있는가'입니다. 사람마다 삶의 상황과 고민, 관심사가 모두 다르기 때문에, 어떤 책이 좋은 책이냐를 판단하기란 정말 어렵습니다. 베스트셀러라고 해서, 혹은 유명 작가의 책이라고 해서 무조건 내게 좋은 책이 되는 건 아니었지요. 책장을 펼치기 전에 스스로에게 질문했습니다.
'지금 내가 가장 필요로 하는 것은 무엇인가?'
질문에 대한 답이 선명할수록 그에 맞는 책을 찾을 확률도 높아졌습니다. 예를 들어 감정 조절이 어렵고 인간관계에 지쳐 있던 시기에는 철학이나 자기 계발서보다 심리학 서적이 훨씬 더 도움이 되었습니다. 반대로 창의력을 키우고 싶은 시기에는 수필이나 인문학 책이 저를 자극했습니다. 책 표지에 적힌 문구보다 더 중요한 건, '지금 내 삶과 이 책이 얼마나 맞닿아 있는가' 하는 점입니다.

둘째, '책이 나에게 어떤 질문을 던지는가'입니다. 좋은 책은 읽는 순간 독자에게 질문을 던지는 힘이 있었습니다. "당신은 어떤 삶을 살고 있나요?", "지금의 선택은 어떤 결과를 낳을까요?", "이 문장을 당신에게 적용해 보면 어떤 변화가 생길까요?" 이런 질문이 떠오른다면, 그 책은 나에게 필요한 책일 확률이 높았습니다. 반면, 아무 생각 없이 줄글만 읽히는 책은 대부분 읽고 나서도 남는 것이 없었습니다. 그래서 저는 요즘 책을 고를 때, 첫 장이나 목차를 잠깐 들춰 보면서 '이 책은 어떤 질문을 던지고 있는가'를 먼저 살펴봅니다. 질문이 많을수록 제 생각도 많아졌고, 결국 삶에 적용되는 부분도 많아졌습니다. 질문이 있다는 것은 책이 단순한 정보가 아니라 '대화'의 시작이라는 의미입니다.

셋째, '내 안의 감정 반응이 있는가'입니다. 어떤 책은 책장을 넘기기도 전에 마음을 건드렸습니다. 단어 하나, 문장 하나에서 무언가 찡하고 울컥하는 감정이 올라오기도 했고, 어떤 부분에서는 오래 묵혀 두었던 질문이 떠오르기도 했습니다. 그런 책은 끝까지 읽지 않아도 몇 페이지만으로도 내 안의 무언가를 바꿔 놓았습니다. 그래서 저는 이제 책을 고를 때 '정보'보다 '감정'을 먼저 살핍니다. 마음이 끌리는 책, 손이 저절로 향하는 책, 처음 한 문장에 눈길이 오래 머무는 책. 이런 감정은 결코 무시할 수 없다는 걸 수많은 독서를 통해 배웠습니다. 그것이 바로 나와 책 사이에 생긴 '에너지의 연결'이라고 느꼈습니다.

책은 단순히 정보를 담은 도구가 아니라, 우리의 생각을 바꾸고, 마음을 위로하고, 방향을 잡아 주는 인생의 내비게이션 역할을 합니다. 그렇기 때문에 아무 책이나 읽는 것은 인생의 방향을 흐릿하게 만들 수도 있습니다. 책을 고르는 안목은 결국 스스로를 아는 것에서 시작되며, 자기 자신에 대한 이해 없이 책을 많이 읽는 것은 어쩌면 무의미한 데이터 수집과도 같다고 느꼈습니다. 책을 고를 때마다 잠시 멈춰서 자기 마음을 살피고, 이 책이 지금의 나에게 어떤 의미가 있는지를 먼저 생각해야 합니다.

책장을 여는 것은 단순히 종이를 넘기는 행위가 아니라, 내 삶에 새로운 질문을 불러오고, 감정을 건드리며, 관점을 바꾸는 시작입니다. 그런 의미에서 위 세 가지 신호는 그 책이 '읽을 가치가 있는가'를 판단하는 중요한 기준이 됩니다. 책이 너무 많아서 무엇부터 읽어야 할지 모르겠다면, 책 표지를 넘기기 전에 잠시 이 세 가지 신호를 점검해 보길 바랍니다. 책을 많이 읽는 것도 중요하지만, 자신에게 필요한 책을 골라 읽는 것이야말로 독서의 진짜 본질이니까요. 그렇게 책을 통해 나를 알아 가고, 삶을 다듬어 가는 여정이야말로 우리가 독서를 하는 이유 아니겠습니까.

지금도 수많은 책이 출간되고 있고, 우리 앞에는 매일 같이 새로운 제목이 쏟아지고 있습니다. 하지만 그 모든 책이 나에게 필요한 것은 아닙니다. 너무 많은 선택지가 우리를 더 혼란스럽게 만들기도 하지요. 필요한 것은 '책을 고르는 기준'이고, 세 가지 신호는 그 기준을 잡는 데 큰 도움이 될 거라 믿습니다. 책을 통해 만나는 자신은 언제나 더 나은 방향으로 향하고 있다는 걸 잊지 말았으면 좋겠습니다. 좋은 질문 하나가 삶에 따뜻한 변화를 불러옵니다.

2. 목차 해킹
— 저자의 의도를 30초 만에 파악하라

책을 고를 때 보통 제목과 표지 디자인, 혹은 추천사의 한 줄 문구를 먼저 보게 됩니다. 중요한 건 그 안에 담긴 '저자의 의도'를 얼마나 빨리, 정확하게 파악하느냐에 달려 있다고 생각합니다. 그래서 저는 늘 책을 집어 들면 제일 먼저 '목차'를 봅니다. 단순히 어떤 주제를 다루는지 확인하려는 것이 아니라, 목차를 통해 이 책이 어떤 흐름으로 독자를 이끌고자 하는지, 저자가 정말 하고 싶은 이야기가 무엇인지 30초 안에 간파하려는 노력이지요. 저는 이걸 '목차 해킹'이라고 부릅니다.

목차는 단순한 구성표가 아닙니다. 저자의 사고 흐름, 관점, 핵심 메시지가 응축된 지도와도 같습니다. 글을 쓴다는 게 생각보다 훨씬 감정적이고 직관적인 작업이지만, 출판이라는 과정을 거치는 순간 논리와 설계의 구조 위에 올려지기 때문에 그 흔적이 목차 안에 그대로 남아 있게 됩니다. 책을 집었다 하면 무조건 목차부터 펼쳐 봅니다. 표지를 넘기고, 서문도 거르고, 바로 목차로 가는 것이 저만의 '속독보다 빠른 요약 기술'입니다. 단 30초 관찰만으로도 책의 방향성과 수준, 저자의 진정성까지 어느 정도는 감지할 수 있습니다.

목차를 유심히 들여다보는 습관을 만들면 독서의 질이 달라집니다. 책을 펼치기도 전에 '읽을 책과 읽지 않아도 될 책'을 나눌 수 있게 되는 거지요. 목차를 들여다볼 때 몇 가지를 집중해서 살펴야 하는데요. 먼저, 제목의 길이와 톤입니다. 지나치게 추상적인 표현으로 가득한 목차는 경계 대상입니다. "변화는 왜 오는가", "내면의 소리를 들어라" 같은 표현은 그럴싸하긴 하지만 구체성이 떨어집니다. 반면, "출근 전 5분의 아침 루틴", "회의를 줄이는 이메일 한 줄"처럼 현실과 직접 맞닿은 제목들은 저자도 실용적인 문제 해결에 집중하고 있다는 인상을 주고, 그런 책은 대체로 기대를 저버리지 않습니다.

또 하나 주의 깊게 봐야 하는 건 흐름인데요. 목차의 순서만으로도 저자가 독자를 어디로 이끌고 싶은지가 보입니다. 어떤 책은 처음부터 너무 많은 걸 알려 주려고 하거나 개념어만 나열해서 이해가 어렵고, 어떤 책은 단순히 나열된 정보의 창고처럼 느껴집니다. 하지만 잘 구성된 책은 꼭 앞부분에 '왜 이 이야기를 하는가'에 대한 서사를 담고 있고, 중반부터는 그 해법을 하나씩 열어 가듯 풀어 줍니다. 마지막엔 독자가 책을 덮은 후 무엇을 실행해야 할지 자연스럽게 정리해 주는 흐름이 있지요. 이런 책은 읽기 전부터 기대가 생기고, 실제로도 완독률이 훨씬 높습니다.

특히 자기 계발서나 실용서에서는 목차가 거의 절반 이상의 정보를 제공하고 있습니다. 심지어 어떤 책은 목차만 봐도 내용을 유추할 수 있을 정도지요. 이건 저자에게는 위험한 일일 수 있지만, 독자 입장에서는 최고의 선물입니다. 책 내용을 요약할 필요 없이, 목차 한 줄 한 줄이 마치 키워드처럼 머릿속에 박히니까요. 그래서 저는 책을 읽기 전, 목차를 메모장에 타이핑해 보는 습관도 들였습니다. 그걸 읽고 있으면 마치 저자가 제 옆에서 강의하는 듯한 느낌이 들고, 머릿속에서 이미 책이 정리되기도 합니다. 덕분에 책을 완독하지 않아도 핵심을 파악하는 능력이 생겼고, 필요한 책은 이후에 정독해도 늦지 않다는 사실까지 깨닫게 되었지요.

물론 목차만으로 책의 모든 가치를 판단할 수는 없습니다. 하지만 목차를 보면 적어도 이 책이 '어떤 관점에서 문제를 보고 있는지', '얼마나 실질적인 해법을 제시하는지', '저자의 글쓰기 방식이 나에게 맞는지'를 가늠할 수는 있습니다. 특히 요즘처럼 정보가 넘치는 시대에는 이런 '선별의 기술'이야말로 자기 계발에서 가장 중요한 무기라고 생각합니다. 하루 종일 쏟아지는 콘텐츠와 책들 속에서 나에게 맞는 걸 골라내려면, 반드시 '빨리, 정확하게 판단하는 기준'이 있어야 하고, 저에게는 그게 바로 목차 해킹이란 얘기죠.

책을 좋아하는 사람일수록 더 많은 시행착오를 겪을 수 있습니다. 책을 사랑하기 때문에 더 많은 책을 손에 들고, 더 자주 사게 되지요. 하지만 독서란 단순히 많은 책을 읽는 것이 아니라, '나에게 맞는 책을 선별하고, 삶에 적용하는 과정'이라는 걸 잊지 말아야 합니다. 시작은 간단합니다. 책을 펼치기 전 목차를 천천히 훑어보는 작업. 그 안에 담긴 흐름과 맥락을 읽는 요령. 그리고 저자가 진짜 하고 싶은 이야기를 미리 짐작해 보는 태도. 단 30초에 불과한 이러한 과정이 때로는 세 시간 독서보다 강력한 인사이트를 줄 수 있다는 사실을 기억해야 합니다.

책을 고를 때, 그리고 독서를 시작하기 전에, 목차를 먼저 보는 습관을 가지면 좋겠습니다. 그냥 읽지 말고 해킹하듯 분석해 보는 거지요. 이 책은 어떤 질문을 던지고 있는가? 어떤 순서로 나를 설득하려 하는가? 그리고 이 흐름은 내 삶에 어떤 영향을 줄 수 있는가? 몇 가지 질문만으로도 훨씬 똑똑하게 책을 읽고 더 깊이 있게 저자와

대화를 나눌 수 있습니다. 책은 늘 우리 곁에 있지만, 핵심 메시지를 발견해 내는 능력은 훈련과 관찰에서 시작됩니다. 그 첫 시작은 바로, 목차 해킹입니다.

3. 서문과 결론이 말해 주는
숨겨진 핵심

 본문부터 주의 깊게 읽기 시작하는 사람이 많은데요. 챕터 제목을 넘기며 목차를 대충 훑고는 본문에 들어가면서부터 핵심 내용을 잡아내려고 하곤 하지요. 중요한 사실 하나를 간과하기 쉽습니다. 책 서문과 결론이야말로 저자가 독자에게 꼭 전하고 싶었던 말이 담긴 핵심 요약본이라는 사실 말입니다.

 서문은 말 그대로 책의 '문을 여는 부분'입니다. 저자가 왜 이 책을 쓰게 되었는지, 어떤 마음으로 글을 시작했는지, 독자에게 어떤 메시지를 전달하고 싶은지에 대한 진심이 고스란히 담겨 있지요. 특히 요즘처럼 자기 계발서, 인문서, 에세이 등 다양한 장르의 책들이 쏟아져 나오는 시대에는, 서문을 먼저 읽는 것만으로도 이 책이 나에게 필요한 책인지 아닌지를 구별할 수 있는 선택의 기준이 되어 줍니다.

잘 쓰인 서문에는 반드시 저자의 핵심 의도가 담겨 있다는 점에 주목해야 합니다. 때로 책 주제를 한 문장으로 요약해서 던져 주기도 하고, 때로 독자와의 거리를 좁히기 위해 감정적으로 공감할 수 있는 에피소드를 함께 제시하기도 합니다. 이러한 서문을 가볍게 넘겨 버리는 사람이 많습니다. '이 책이 왜 쓰였는지보다, 어떤 정보를 얻을 수 있는지가 중요하다' 하고 생각하기 때문일 겁니다. 그런 생각은 독서를 비효율적으로 만들 수 있습니다.

어떤 책의 서문을 통해 "이 책은 실패한 경험에서 배운 교훈을 담은 이야기입니다. 성공보다 중요한 건 포기하지 않는 마음입니다."라는 문장을 읽었다면, 그 책의 전체적인 메시지가 '성공의 기술'이 아니라 '실패를 대하는 태도'에 있다는 사실을 짐작할 수 있지요. 이렇게 서문을 통해 큰 방향을 파악한 독자는 책을 읽는 동안 길을 잃지 않고 핵심에 더 집중할 수 있습니다. 마치 지도를 미리 확인하고 나서 여행을 떠나는 것처럼 말이지요.

반대로 결론은 저자가 독자에게 마지막으로 남기고 싶은 말입니다. 책을 다 읽고 나서 저자가 손을 꼭 잡고 이렇게 말하는 것 같지요. "이 모든 이야기를 통해 당신에게 꼭 전하고 싶었던 건 이것입니다." 그래서 결론을 먼저 읽는 것은 마치 영화의 마지막 장면을 미리 보는 것처럼 느껴질 수도 있지만, 실은 그 결론이야말로 저자가 책 전체를 통해 하고 싶었던 이야기의 요약 정리본이라고 할 수 있습니다.

실제로 저는 책 읽을 때 서문과 결론을 먼저 읽습니다. 그렇게 했을 때 훨씬 더 책의 흐름을 빠르게 이해할 수 있고, 불필요한 페이지를 무작정 읽느라 시간을 허비하지 않게 되지요. 물론, 처음부터 끝까지 정독하는 독서의 즐거움도 분명히 있습니다. 하지만 시간이 제한되어 있고, 더 많은 책을 빠르게 흡수해야 하는 상황이라면, 서문과 결론을 적극적으로 활용하는 것이 훨씬 효율적인 선택이 될 수 있습니다.

더욱 흥미로운 점은, 서문과 결론 사이에는 숨겨진 일관성이 존재한다는 것입니다. 저자는 글을 시작할 때 어떤 의도를 품었는지 서문에 담고, 그 의도가 독자의 마음에 제대로 전달되었기를 바라는 마음을 결론에 담습니다. 결국 서문과 결론은 서로를 비추는 거울처럼 맞닿아 있는 셈이지요. 그래서 서문과 결론을 함께 읽어 보면, 이 책이 얼마나 일관성 있게 쓰였는지도 파악할 수 있습니다. 문장 하나하나에 얼마나 진정성이 담겼는지도 자연스럽게 느낄 수 있습니다.

책을 많이 읽는다고 해서 반드시 좋은 독서가는 아닙니다. 중요한 건 어떻게 읽느냐이지요. 깊이 있게 읽는 사람은 짧은 분량의 글에서도 저자의 의도를 간파할 수 있고, 효율적으로 읽는 사람은 핵심을 빠르게 정리해 자기 삶에 적용합니다. 서문과 결론을 먼저 읽는 독서법은 바로 그 두 가지를 동시에 잡을 수 있는 지혜로운 방법이라고 생각합니다.

더불어 서문과 결론을 읽는다는 건, 저자의 마음에 먼저 다가가려는 태도이기도 합니다. 수많은 단어와 문장을 엮어 책 한 권을 완성하기까지의 과정 속에서, 저자는 가장 핵심적인 내용을 가장 앞과 뒤에 담습니다. 우리는 그 마음을 먼저 살펴봄으로써 더 깊은 공감과 연결을 느낄 수 있게 되지요. 그저 지식을 얻기 위해 책을 읽는 것이 아니라, 저자와 대화를 나누듯 책을 접하는 경험이 될 수 있습니다.

마지막으로 하나 더 말씀드리고 싶은 건, 서문과 결론을 메모하며 읽는 습관을 들여 보라는 점입니다. 그 문장 속에서 느껴지는 분위기, 메시지, 중심 키워드 등을 기록해 두면 그 책을 나중에 다시 떠올릴 때 훨씬 선명하게 기억할 수 있습니다. 한 문장만으로도 그 책의 전체 내용을 다시 복기할 수 있는 힘이 생기게 되지요.

서문과 결론은 부록이 아닙니다. 가장 본질적인 메시지가 담긴 진심의 페이지입니다. 그 페이지를 먼저 열어 보는 것만으로도, 독서는 더 깊고 넓어집니다. 오늘부터라도 책을 읽기 전, 서문과 결론을 먼저 읽어 보기를 권합니다. 그 안에 담긴 숨겨진 핵심이 독서 습관을 완전히 바꿔 줄지도 모르니까요.

4. 쓸모없는 장을 건너뛰는
직관 훈련법

 책을 펼치고 처음부터 끝까지 성실하게 읽어 내려가는 독서 습관이 훌륭한 덕목이라는 인식은 지금도 여전히 유효합니다. 하지만 요즘처럼 정보가 넘쳐 나고 시간은 늘 부족한 시대에는 그런 방식이 비효율적인 결과를 초래할 때가 많습니다. 모든 글이 우리에게 꼭 필요한 글은 아니기 때문입니다. 특히 한 권의 책 속에는 중심 메시지와는 다소 거리가 있는, 말 그대로 '쓸모없는 장'도 포함되어 있기 마련입니다. 이번 소주제를 통해 이야기하고 싶은 것은 바로 그 쓸모없는 장을 건너뛰는 직관, 그 직관을 훈련하는 법에 대한 것입니다.

 책을 읽다 보면 문장이 길어지고, 맥락이 흐려지며, 도대체 왜 이 내용을 넣었는지 고개를 갸우뚱하게 되는 순간이 옵니다. 그럴 때

많은 분들이 망설입니다. '이 부분도 저자가 중요한 내용이라고 생각해서 넣은 거 아닐까? 내가 이해하지 못하는 게 아닐까?' 그래서 억지로 읽고, 억지로 이해하려고 애를 씁니다. 그런데 끝까지 읽고 나서 느끼는 감정은 종종 이렇습니다. '굳이 이 장을 읽지 않았어도 됐겠다.' 결국 중요한 건 정보의 양이 아니라, 나에게 얼마나 직접적으로 와닿는 내용인가이지요.

여기서부터 독서는 기술이 됩니다. 더 나아가 직관의 영역으로 들어갑니다. 단순히 눈으로 글자를 따라가는 것이 아니라, 한 문단, 한 장을 보며 '이 내용이 나에게 필요한가'를 빠르게 판단하는 능력, 그것이 바로 쓸모없는 장을 건너뛰는 직관입니다. 그리고 이 능력은 누구에게나 길러질 수 있습니다. 타고나는 게 아니라, 훈련을 통해 정교하게 발전하는 능력이기 때문이지요.

직관 훈련의 첫 번째는 '목적의식'입니다. 내가 이 책을 왜 읽으려 하는지 스스로 분명히 아는 것이 시작입니다. 목적이 선명하면, 그 목적과 상관없는 내용이 눈에 더 잘 들어옵니다. 예를 들어, 자기 계발서를 통해 시간 관리 팁을 얻고 싶어서 책을 펼쳤는데, 저자의 어린 시절 이야기가 두세 장을 차지하고 있다면, 그 부분은 과감히 넘어가도 됩니다. 목적은 '감동적인 스토리'가 아니라 '구체적인 시간 관리 팁'이기 때문입니다. 이처럼 목적이 명확하면 자연스럽게 '건너뛰기'에 대한 판단이 빠르고 정확해집니다.

두 번째는 '내용의 밀도 감지력'입니다. 어떤 책은 첫 장부터 마지막 장까지 정보 밀도가 아주 높습니다. 반면 어떤 책은 같은 메시지를 반복적으로 전달하면서 페이지 수를 늘리는 경우도 많습니다. 이 밀도를 감지하는 힘은 처음에는 어렵게 느껴질 수 있지만, 계속해서 다양한 책을 접하다 보면 분명히 눈에 보이기 시작합니다. 반복적으로 쓰인 문장, 이미 앞에서 언급한 개념의 재포장, 이야기의 핵심과 무관한 사례 나열 등이 눈에 들어오면, 그때가 바로 건너뛰어도 좋다는 신호입니다.

세 번째는 '패턴 인식'입니다. 책을 읽다 보면 저자마다 고유의 전개 방식이 있다는 걸 알게 됩니다. 어떤 저자는 서문에서 핵심 메시지를 미리 밝히고 이후 각 장에서 그 메시지를 예시로 풀어 가며 반복 설명합니다. 그런 경우엔 서문과 몇 개 장만 정독하고 나머지는 훑어보는 식으로 접근해도 됩니다. 또 어떤 저자는 결론에서 모든 내용을 정리합니다. 그렇다면 서론과 결론만 제대로 읽어도 전체 내용을 이해하는 데 크게 무리가 없습니다. 이렇게 저자의 스타일을 빠르게 파악하고 그에 따라 독서 전략을 조정하는 것, 이것이 곧 직관 훈련입니다.

많은 이들로부터 이런 질문을 받습니다.

"그렇게 건너뛰면서 읽으면, 책의 깊은 의미나 저자의 의도를 놓치지 않을까요?"

물론 그럴 수도 있습니다. 하지만 이 또한 '균형'의 문제입니다. 모든 책을 그렇게 읽으라는 이야기가 아닙니다. 책의 목적, 내 독서의 목적, 그리고 전달 방식에 따라 '선택적으로 집중하라'는 의미입니다. 정보를 가려서 받아들이고, 내게 필요한 부분에 에너지를 집중하는 것이 더 깊이 있는 독서를 가능하게 해 줍니다. 다 읽고 난 후에도 기억에 남는 건, 결국 몇 문장 안 되는 핵심 메시지입니다.

직관 훈련은 독서뿐 아니라 우리의 삶 전반에도 큰 영향을 미칩니다. 우리가 매일 마주하는 정보 속에서도, '이건 내게 유의미한가'를 판단하는 능력이 필요하니까요. 유튜브 영상, 뉴스 기사, SNS 피드…. 우리가 하루에도 수십 개의 콘텐츠를 소비하는 이 시대에, 그 모든 것을 성실하게 다 읽고 본다는 건 불가능합니다. 그래서 선택이 필요하고, 선택에는 직관이 필요합니다. 그리고 그 직관은 매일 훈련될 수 있습니다.

가장 좋은 훈련법은 실제로 책을 한 권 정해서, '이 책에서 꼭 알고 싶은 한 가지'를 스스로 정하고 시작하는 것입니다. 그리고 그 목적에 부합하는 내용만 집중해서 읽어 보는 연습을 해 보는 거지요. 처음에는 '이거 너무 성의 없는 거 아닌가?' 싶기도 하겠지만, 끝까지 읽고 나면 그 책에서 건질 수 있는 진짜 보석이 무엇이었는지 더 선명하게 느껴질 수 있습니다. 나머지 부분은 '읽지 않음'이 아니라 '걸러냄'입니다. 필요한 것만을 내 안에 담는 훈련이기 때문입니다.

책을 읽는 시간은 곧 나를 채우는 시간입니다. 하지만 아무거나 가리지 않고 마구 담는다고 해서 좋은 재료가 되는 것은 아니지요. 더 중요한 건 선택적으로 담는 것입니다. 건너뛰는 것은 게으름이 아니라, 집중을 위한 전략입니다. 책을 제대로 이해하기 위한 직관의 기술입니다. 그리고 이 기술은 책 한 권을 더 깊게, 더 빠르게, 더 정확하게 읽도록 만들어 줍니다. 그것이 쓸모없는 장을 건너뛰는 직관 훈련의 진짜 목적입니다.

5. 책의 구조를 엑스레이로 찍는 4단계 분석

    책을 한 권 읽는 데는 몇 시간이 걸립니다. 그런데 정작 그 책이 어떤 구조로 만들어졌는지, 저자가 무엇을 말하려고 했는지, 어떤 흐름을 따라 독자를 설득하려 했는지는 모른 채 책장을 덮는 경우가 많습니다. 글자 하나하나는 읽었지만, 책의 전체 틀은 놓친 채 단편적인 정보만 머릿속에 남아 있는 상태, 이 상태가 바로 대부분의 독서가 가지는 안타까운 현실입니다.

    그래서 이번에는 책을 마치 엑스레이로 들여다보듯 구조적으로 파악하는 방법에 대해 이야기하려 합니다. 단순히 줄거리를 파악하거나 요점을 정리하는 것이 아니라, 저자의 생각 흐름, 구성의 의도, 중심을 잡고 있는 핵심 메시지를 꿰뚫어 보는 힘을 키우는 방법이지요. 이 힘은 책을 많이 읽는다고 저절로 생기지 않습니다. 의식적으로 훈련하고, 감각을 길러야 얻어지는 능력입니다.

저는 이걸 4단계 분석이라 부르는데요. 물론 딱딱한 이론처럼 느껴질 수도 있지만, 실제로 해 보면 생각보다 자연스럽고 직관적으로 익혀질 수 있는 방식입니다. 중요한 건 책을 펼쳤을 때, 그 안에 흐르는 구조적 의도를 '눈에 보이듯' 이해하는 능력을 기르는 것입니다. 그렇게 하면 같은 책을 읽더라도 훨씬 빠르게, 깊게, 정확하게 읽을 수 있습니다. 그게 바로 독서 효율을 극대화하는 핵심이지요.

책을 펼치면 가장 먼저 만나게 되는 건 '목차'입니다. 많은 사람이 목차를 그냥 훑고 넘어가는데, 사실 이 목차가 곧 저자의 설계도입니다. 어떤 순서로 이야기를 풀고 있는지, 어느 파트에 가장 많은 분량이 할애되어 있는지, 서론과 결론의 비중은 어떤지⋯ 이 모든 것을 통해 책의 뼈대를 파악할 수 있습니다. 저는 책을 읽기 전에 항상 목차를 정독합니다. 목차만 보고도 이 책이 어떤 이야기를 하려는지, 어디서 절정을 만들고 어디서 마무리를 지으려 하는지를 가늠해 보는 연습을 해 왔습니다. 이게 첫 번째 단계입니다.

두 번째는 본문을 읽을 때 각 장의 도입과 마무리를 유심히 살펴보는 것입니다. 도입에서는 저자가 이 장에서 어떤 이야기를 하려는지 힌트를 줍니다. 그리고 마무리에서는 그 장의 핵심을 다시 정리하듯 풀어 줍니다. 이 두 지점을 연결해서 보면, 본문의 전체 흐름이 자연스럽게 머릿속에 그려집니다. 복잡한 설명을 다 읽지 않아도, 흐름만으로도 내용을 구조적으로 이해할 수 있게 되지요. 특히 논리적인 책이나 자기 계발서, 비즈니스 서적에서 이런 방식은 매우 효과적이었습니다. 요점만 기억하고 싶을 땐 '중간을 훑고 머리와 꼬리를 붙이면' 전체 메시지를 파악할 수 있습니다.

세 번째는 반복되는 개념이나 용어, 키워드에 집중하는 것입니다. 저자는 의도적으로 중요한 개념을 반복합니다. 그 반복을 통해 독자의 뇌리에 메시지를 각인시키려고 합니다. 독자가 반드시 기억하길 바라는 핵심이 바로 그것입니다. 저는 책을 읽으며 특정 단어가 반복되면 줄을 그어 두고, 그 단어가 어디서 어떤 맥락으로 등장하는지를 살펴보았습니다. 그러면 그 책의 중심 개념이 보입니다. 마치 엑스레이처럼 그 단어를 중심으로 책 전체의 조직도가 드러나게 되는 것이지요.

마지막 단계는 결론에서 저자의 최종 메시지를 파악하는 것입니다. 책의 결론은 단순한 마무리가 아니라, 사실상 전체 내용을 요약해 다시 독자의 머릿속에 재정렬해 주는 역할을 합니다. 그래서 저는 책을 다 읽은 뒤, 결론을 다시 한번 정독합니다. 그 과정을 통해 이 책이 결국 어떤 변화나 행동을 독자에게 유도하려 했는지, 어떤 시선으로 세상을 보게 하려 했는지를 명확히 알 수 있습니다. 많은 독자가 결론은 이미 읽었으니 넘어간다고 하지만, 결론을 두 번 읽는 것이 책을 '제대로' 읽는 방법이라고 생각합니다.

이렇게 네 단계로 책을 분석하다 보면, 어느 순간부터 책을 펼쳤을 때 저자의 의도가 한눈에 보이기 시작합니다. 어떤 책은 논리의 흐름이 정교하게 설계되어 있다는 걸 느끼게 되고, 어떤 책은 메시지는 강렬하지만 구성은 약하다는 것도 파악하게 됩니다. 즉, 책을 읽는 눈이 달라지는 것이지요. 이것은 단순한 독서가 아니라, 저자와의 대화입니다. 그가 어떤 재료를 어떻게 배치했는지를 읽어 내는 능력, 그것이 바로 구조적 독서의 핵심입니다.

처음엔 어렵게 느껴질 수 있습니다. 그러나 책을 다 읽은 뒤 다시 목차를 보면 신기한 일이 벌어집니다. 읽기 전과 읽은 후, 목차가 전혀 다르게 보입니다. 구조가 보이고, 의도가 느껴집니다. 이 경험이 한번 생기고 나면, 다음부터는 책을 읽기 전 목차만 보고도 전체 흐름을 예측할 수 있게 됩니다. 그리고 이 예측이 실제와 맞아떨어질수록, 독서에 대한 자신감은 더욱 높아지게 됩니다.

책을 많이 읽는 것도 좋지만, 한 권을 깊이 읽는 힘은 더 중요합니다. 구조를 파악하고, 메시지를 꿰뚫어 보고, 저자의 흐름에 맞춰 독서 전략을 세우는 사람은 단순히 '책을 많이 읽는 사람'이 아니라 '책을 제대로 읽는 사람'이 됩니다. 결국 진짜 내 것이 되는 독서는 이런 식으로 이루어집니다.

엑스레이처럼 책을 투시하고, 4단계로 분석하는 독서를 반복하다 보면, 어느 순간부터는 얇은 책은 물론, 수백 페이지의 두꺼운 책조차도 가볍게 느껴집니다. 내가 주도권을 쥐고 읽는 독서, 구조를 알기 때문에 두려움이 없는 독서, 그게 바로 진짜 독서의 힘입니다.

6. 도입부에서 저자의 약속을
확인하는 법

책을 펼쳤을 때 가장 먼저 마주하게 되는 부분, 바로 도입부입니다. 그런데 많은 사람이 이 도입부를 그저 서론 정도로만 생각하고 가볍게 넘기곤 합니다. 마치 본격적인 내용은 다음 장부터 시작된다는 듯 적당히 훑고 바로 본문으로 들어가 버립니다. 하지만 저는 도입부야말로 책 전체의 핵심이 응축되어 있는 공간이라고 생각합니다. 저자가 독자에게 건네는 첫 번째 인사이자 가장 강력한 '약속'이 숨겨진 곳이기도 하지요.

책을 쓴다는 건 결국 독자에게 무언가를 주겠다는 선언입니다. 어떤 책은 인생의 방향을 제시하겠다고 말하고, 어떤 책은 문제 해결의 실마리를 주겠다고 합니다. 어떤 책은 영감을 주겠다고 하고, 또 어떤 책은 전문적인 지식을 전수하겠다고 하기도 하지요. 이 모든 선언과 약속이 처음 등장하는 곳이 바로 도입부입니다. 저자는 서문이나 프롤로그에서 자신이 왜 이 책을 썼는지, 이 책을 읽은 독자가 어떤 변화나 결과를 얻게 될지를 미리 말해 줍니다. 마치 "이 책을 끝까지 읽으면 당신에게 이런 변화가 찾아올 겁니다."라는 식으로요.

저는 독서를 할 때 도입부를 반드시 세 번 이상 읽습니다. 처음엔 저자의 말투와 분위기를 파악하기 위해 읽고, 두 번째는 어떤 메시지를 전달하려는지 흐름을 따라가며 읽으며, 세 번째는 그 안에서 '약속'이 무엇인지 정확히 확인하기 위해 읽습니다. 도입부에서 약속을 확인하는 능력은 단순한 독서의 기술이 아니라 아주 강력한 독서 전략이 되어 줍니다. 왜냐하면 그 약속이 책 전체를 끌고 가는 중심이기 때문입니다.

한번은 제목이 굉장히 매력적이면서 표지도 시선을 끄는 그런 책을 읽은 적이 있는데요. 도입부에서도 화려한 수사와 근사한 문장들이 쏟아졌습니다. 하지만 약속이 없었습니다. 도대체 이 책을 읽고 나면 내게 어떤 변화가 올 것인지, 왜 이 책을 끝까지 읽어야 하는지에 대한 이유를 찾을 수 없었습니다. 결국 중간까지 억지로 읽다가 책을 덮어 버리고 말았습니다. 도입부에서 약속이 없다는 것은, 목적지 없이 여행을 떠나는 것과도 같습니다. 아무리 내용이 많아도, 그 방향이 없다면 독자의 집중력은 점점 흩어지고 맙니다.

반대로 어떤 책은 아주 조용하게, 그리고 간결하게 자신의 약속을 전달합니다. "이 책은 당신이 매일 아침 더 나은 하루를 시작할 수 있도록 돕기 위해 쓰였습니다." 이 한 문장을 보고 저는 그 책을 끝까지 읽겠다는 결심을 했습니다. 이유는 간단했습니다. 이 책이 나에게 무엇을 해 줄지를 명확히 말해 줬기 때문입니다. 이처럼 좋은 책은 도입부에서 독자에게 딱 한 문장이라도 명확한 약속을 남깁니다. 그리고 그 약속은 독자에게 읽을 이유와 동기를 줍니다.

그렇다면 어떻게 해야 이 약속을 잘 확인할 수 있을까요? 저자의 문장 중에서 '반복되는 표현'이나 '강조하는 문장'에 주목하면 됩니다. 예를 들어 "이 책은…", "여러분은 이 책을 통해…", "이 글은 다음과 같은 분들을 위해…"와 같은 문장들이 있다면 바로 밑줄을 그어야 합니다. 거기에 저자가 독자에게 하고자 하는 핵심 약속이 담겨 있습니다. 저는 이런 문장을 읽으면 공책에 따로 적어 둡니다. 그리고 책을 다 읽은 후, 정말 그 약속이 지켜졌는지를 다시 확인해 보는 습관도 들였습니다. 이 과정을 반복하다 보면, 책 보는 눈이 달라지기 시작합니다.

어떤 사람들은 이렇게 말하기도 합니다.

"그냥 읽다 보면 내용은 자연스럽게 이해되는 거 아닌가요?"

물론 그럴 수도 있습니다. 하지만 저는 '효율적인 독서'를 추구합니다. 책 한 권을 읽는 데 들이는 시간도 자원입니다. 그 자원을 낭비하지 않기 위해서라도, 저는 도입부에서 약속을 정확히 파악하려고 노력해 왔습니다. 그 한 문장이 읽는 내내 나침반처럼 작동하기 때문입니다.

사실 이 '저자의 약속'을 확인하는 능력은 책을 넘어 다양한 콘텐츠에도 적용됩니다. 유튜브 영상의 오프닝, 블로그 글의 첫 문단, 강연의 첫마디 등… 모든 콘텐츠의 시작에는 '이걸 왜 봐야 하는지'에 대한 메시지가 숨어 있습니다. 그걸 읽어 내는 사람은, 시간 낭비를 줄이고 더 본질적인 것에 집중하게 됩니다. 저는 그런 감각을 길러야 한다고 생각합니다. 그냥 무작정 많이 읽는 시대는 지났습니다. 이제는 제대로, 본질을 찌르며 읽어야 하는 시대가 되었습니다.

마지막으로 강조하고 싶은 점은, 이 '도입부의 약속'이 우리 스스로 책을 더 깊게 이해하게 해 준다는 것입니다. 책의 목적을 이해하고 나면, 저자의 모든 설명과 예시와 사례들이 그 목적에 봉사하기 위해 쓰였다는 걸 알게 됩니다. 그러면 본문을 읽을 때도 '아, 이건 그 약속을 뒷받침하려는 이야기구나' 하고 맥락이 살아납니다. 그럴 때 독서는 더 이상 단순한 정보 수집이 아닙니다. 하나의 살아 있는 흐름으로 느껴집니다.

오늘 여러분이 펼친 책의 도입부에는 어떤 약속이 있었나요? 그 약속이 지금 여러분의 삶에 어떤 영향을 주고 있나요? 작은 문장 하나가 삶을 바꾸는 단초가 될 수도 있습니다. 그러니 다음에 책을 펼칠 때는, 꼭 도입부를 한 번 더 천천히 읽어 보길 바랍니다. 거기에는 분명, 저자가 건네는 진심 어린 약속이 담겨 있을 테니까요.

7. 중요 문장을 골라내는
독수리의 눈

　책 한 권을 읽으면서도, 어떤 사람은 몇 개의 문장만으로도 그 책을 자신의 인생으로 끌고 오고, 어떤 사람은 끝까지 읽고도 남는 게 없다고 말합니다. 그 차이는 어디서 생기는 걸까요? 저는 그 비밀이 바로 '중요 문장을 골라내는 눈'에 있다고 생각했습니다. 흔히 '독수리의 눈'이라 표현하는, 본질을 꿰뚫는 시선 말입니다. 독수리는 수백 미터 상공에서도 토끼 한 마리를 정확히 찾아냅니다. 책을 읽을 때도 우리는 그런 집중력과 직관을 훈련할 수 있어야 한다고 생각했습니다.

　처음엔 저도 그저 글이 흘러가는 대로 읽기만 했습니다. 책장이 넘어갈수록 페이지 수는 늘어나는데, 정작 머릿속에 남는 건 별로 없었습니다. 나중에 누군가가 "그 책 어땠어요?"라고 물으면, 참 막막했습니다. 제목은 기억났지만, 그 이상은 희미했습니다. 이후로 저는 '내게 직접적으로 도움이 되는 문장을 어떻게 하면 더 자주 만나고, 정확히 잡아낼 수 있을까'를 고민하기 시작했습니다.

중요 문장은 반드시 두 가지 특징을 가지고 있습니다. 하나는 반복입니다. 저자는 중요한 이야기를 한 번만 하지 않습니다. 약간의 표현을 달리해서 여러 번, 다양한 방식으로 언급합니다. 눈에 보이지 않는 형광펜처럼 강조하는 것이지요. 그래서 저는 책을 읽을 때, '어? 이 말 아까도 나왔는데?' 싶은 문장은 다시 체크합니다. 단어가 반복되든, 문장의 구조가 반복되든 간에, 거기에는 분명히 저자의 의도가 숨어 있습니다. 그 부분이 핵심일 가능성이 높다는 걸 깨달았습니다.

두 번째는 감정의 흔적입니다. 중요한 문장은 감정이 실립니다. 저자의 분노든, 안타까움이든, 설렘이든 간에, 그 감정이 물씬 묻어나는 문장에는 삶의 진심이 녹아 있습니다. 저는 그런 문장을 만나면 잠시 책을 덮습니다. 그리고 제 삶과 연결해 봅니다. 왜 저자가 저 감정을 실었을까, 왜 하필 이 시점에 이 말을 했을까. 그런 질문을 던지고 나면, 그 문장이 더 깊이 다가옵니다. 그래서 저는 책을 읽을 때 연필을 꼭 손에 들고 읽습니다. 마음을 건드리는 문장을 만나면 밑줄을 긋고, 여백에 제 감정을 메모합니다. 그렇게 기록된 문장은, 시간이 지나도 기억 속에서 흐릿해지지 않습니다.

물론 처음부터 '중요한 문장'을 정확히 골라내기는 어렵습니다. 하지만 훈련을 통해 감각은 분명히 생깁니다. 처음엔 하루 한 문장, 한 문단이라도 좋습니다. '내가 오늘 읽은 것 중에서 가장 와닿았던 문장은 무엇인가' 하는 질문을 스스로에게 던져 보는 겁니다. 그 질문을 반복하다 보면, 문장을 고르는 눈이 달라집니다. 어느 순간부터는 단순히 '좋은 말'이 아니라, '이 책에서 꼭 기억해야 할 핵심 문장'이 보이기 시작합니다.

또한, 중요한 문장을 알아보는 가장 좋은 방법 중 하나는 '요약'입니다. 책을 다 읽고 나서 단 한 문장으로 그 내용을 요약해 보는 훈련을 자주 했습니다. 그리고 그 문장을 다시 책 안에서 찾아보면, 신기하게도 저자의 말 속에 그 문장이 녹아 있었습니다. 중요한 문장은 항상 책의 주제를 대표하고 있었습니다. 이걸 알고 난 뒤부터는, 책을 펼치자마자 '이 책이 말하고 싶은 핵심 문장은 무엇일까?'라는 시선으로 접근하게 됐습니다. 그러면 자연스럽게 중요한 문장을 먼저 찾게 되지요.

하나 더 말씀드리고 싶은 건, 중요한 문장은 '문장 길이'와는 별 상관이 없다는 점입니다. 짧은 문장도 강렬할 수 있고, 긴 문장도 통찰을 품을 수 있습니다. 중요한 건 그 문장이 어떤 메시지를 전하려 하느냐입니다. 어떤 문장은 단순해 보여도, 그 안에 담긴 무게감은 말로 표현할 수 없을 만큼 깊습니다. 그런 문장을 만나면 꼭 손 글씨로 한 번 더 써 보는 것이 효과적입니다. 손으로 쓰는 순간, 그 문장은 눈에서 마음으로, 그리고 다시 삶 속으로 스며들기 때문입니다.

책 한 권을 읽으면서 중요한 문장을 다섯 개만 건져도 그 독서는 성공이라고 생각합니다. 그 문장들 덕분에 삶이 바뀔 수 있으니까요. 문장 하나가 생각을 바꾸고, 생각이 행동을 바꾸고, 행동이 결국 인생을 바꾸는 거니까요. 매일 한 문장을 찾기 위해 책을 읽는 습관이 중요합니다. 그 문장을 통해 오늘 하루 더 나은 내가 될 수 있기 때문입니다.

책을 읽는다는 건 결국 '가치 있는 문장을 나의 것으로 만드는 과정'이라고 믿습니다. 그리고 그 과정의 핵심은 바로 '독수리의 눈' 같은 집중력과 통찰입니다. 우리는 모두 그 눈을 가질 수 있습니다. 처음엔 작고 희미하지만, 계속해서 훈련하면 점점 선명해집니다. 중요한 건 멈추지 않는 습관입니다. 오늘 읽은 문장에서, 과연 어떤 문장이 마음을 건드렸는가. 그 문장이 바로, 지금 내 삶이 필요로 하는 한 문장일지도 모릅니다.

8. 장황한 설명을 단칼에 자르는 요약의 칼

정보가 넘쳐 나는 시대입니다. 책 한 권을 펼치면 수십만 자의 문장이 눈앞에 펼쳐지고, 뉴스 기사 하나에도 셀 수 없이 많은 맥락이 숨어 있습니다. 사람들은 말합니다. 요즘은 읽을 시간이 없다고, 집중이 되지 않는다고. 하지만 문제는 시간이 부족해서가 아니라, 핵심을 뚫어 보는 힘이 부족해서라는 사실, 알고 계셨나요? 그래서 이번에는, 장황한 설명 속에서 본질만을 단칼에 추려 내는 '요약의 칼'에 대해 이야기해 보려 합니다. 이 칼이 있다면, 어떤 글도 짧은 시간 안에 꿰뚫을 수 있습니다.

요약은 단순히 글을 줄이는 기술이 아닙니다. 의미를 통째로 응축시키는 훈련입니다. 중요한 것과 중요하지 않은 것을 구분하고, 중심 메시지를 파악한 뒤 그 문장만 남겨 두는 것. 이것이야말로 생각의 근육을 키우는 가장 정교한 방법이라고 믿습니다. 요약 잘하는 사람은 단지 책을 빨리 읽는 사람이 아닙니다. 저자 머릿속을 읽고, 글 구조를 해체하고, 자신만의 언어로 다시 재조립할 수 있는 사람이지요. 저는 이 능력이 삶 전체를 바꿔 준다고 확신합니다.

예전엔 저도 그랬습니다. 책을 한 줄도 놓치지 않겠다는 마음으로 처음부터 끝까지 정독했지요. 그런데 문제는, 책을 덮고 나면 내용이 흐릿해진다는 점이었습니다. 책을 읽은 건 분명한데, 그 안에서 무엇을 배웠는지 묻는다면 도무지 말이 정리되지 않았습니다. 요약하지 않았기 때문이었습니다. 글을 읽고 나서 제 방식으로 내용을 압축하지 않았기 때문에 내용을 모두 잊어버린 거지요.

하루에 단 한 문장이라도 좋으니 요약해야겠다 결심했습니다. 처음엔 어려웠지요. 책 한 챕터 읽고도 뭐가 핵심인지 도무지 모르겠다 싶은 날이 많았습니다. 요약을 잘하려면 먼저 전체 구조를 파악해야 했습니다. 저자가 무엇을 문제라고 말하고, 어떤 해법을 제시하며, 어떤 결론으로 이끄는지를 눈으로 따라가야 했습니다. 마치 건축 설계도를 그리는 사람처럼 글의 뼈대를 읽어야만 요약이 가능하다는 걸 알게 되었지요.

요약의 핵심은 삭제입니다. 불필요한 설명, 부연, 예시는 과감히 지워야 합니다. 저도 처음엔 '이 문장도 중요한 거 같은데' 하는 생각에 망설였지만, 어느 순간 깨달았습니다. 진짜 중요한 내용은 몇 줄 안에 다 들어간다는 사실을요. 나머지는 이해를 돕기 위한 포장일 뿐이었습니다. 그래서 저는 요약할 때 이렇게 묻습니다. "이 문장이 빠지면 글의 의미가 달라질까?" 만약 그렇지 않다면 과감히 지워 버립니다. 그렇게 칼을 들고 글 속을 헤쳐 나가다 보면, 비로소 글의 심장이 보이기 시작합니다.

요약이 익숙해지면 책을 보는 시선이 완전히 달라집니다. 처음 몇 페이지를 넘기면 저자의 목적이 보이고, 중반부를 읽으며 어떤 구조로 메시지를 전하는지도 보입니다. 글의 흐름과 논리를 따라가다 보면 어느 부분이 핵심인지, 어떤 문장이 이 책을 대표하는지 자연스럽게 보이게 됩니다. 마치 하나의 수학 공식을 풀듯, 글 속에서 본질만 남겨 가는 기분이지요.

무엇보다 요약은 삶에도 영향을 줍니다. 말이 간결해지고, 회의 자리에서도 핵심만 짚어 주는 사람이 됩니다. 친구에게 책을 소개할 때도 "이 책은 결국 이 말이야."라고 말할 수 있으면, 그 자체로 신뢰를 얻게 됩니다. 지식은 많아도 정리가 안 되면 전달되지 않습니다. 그러나 요약이 되는 사람은, 짧은 말로도 깊은 울림을 줄 수 있습니다.

"오늘 읽은 글을 단 한 문장으로 말해 보세요."

처음엔 다들 당황합니다. 그러다 곰곰이 생각하다 한 문장을 뽑아내지요. 그 문장이야말로, 그 글을 읽은 진짜 이유입니다. 요약은 지식을 소화하는 과정이고, 그걸 삶에 적용할 수 있는 연결 고리이기도 합니다. 글을 요약한다는 건 단순한 편집이 아니라, 사고의 깊이를 키우는 작업입니다.

요약하는 습관은 처음엔 불편합니다. 시간이 더 걸리는 것 같고, 제대로 하고 있는지도 헷갈리지요. 하지만 요약은 근육과도 같습니다. 하루하루 반복하면 분명히 강해집니다. 그리고 어느 순간, 여러분의 눈은 책장을 넘기자마자 핵심을 포착할 수 있는 힘을 가지게 됩니다. 그 힘이 바로 '요약의 칼'입니다. 그 칼을 한번 손에 쥐고 나면, 어떤 글도 두렵지 않습니다. 정보가 넘치는 시대에도 휘둘리지 않고, 나만의 기준으로 의미를 추출해 낼 수 있습니다.

오늘도 어딘가에서 누군가는 장황한 글 앞에서 머리를 싸매고 있을 것입니다. 그때 단 한 문장으로 요약해 주는 사람이 있다면, 얼마나 든든할까요. 내가 바로 그런 존재가 될 수 있다면 기쁘고 보람 있겠지요. 읽고, 생각하고, 정리하고, 남에게 전하는 요약의 힘. 그것이 바로 지금 시대에 가장 필요한 역량입니다. 복잡한 것을 단순하게 말할 수 있는 사람이 결국 주목받는 시대가 되었으니까요.

요약은 문장을 자르는 칼이기도 하지만, 그 칼끝에는 통찰이 담겨 있습니다. 본질을 꿰뚫는 시선, 불필요한 것을 덜어 내는 용기, 그리고 삶에 꼭 필요한 것을 남기는 지혜. 그 모든 것이 요약이라는 한 단어 안에 담겨 있었습니다. 이제 그 칼을 들어야 할 때입니다. 처음엔 서툴고, 조심스럽겠지만, 자꾸 쓰다 보면 손에 익게 됩니다. 그리고 결국, 요약은 생각을 더 날카롭고 분명하게 만들어 줄 것입니다.

3부

요약의 골든 룰
― 핵심만 남기고 버려라

1. 핵심 문장을 찾는 3초 스캔 기술

 책 한 권을 펼쳤을 때, 사람들은 어디부터 읽기 시작할까요? 제목일 수도 있고, 저자 소개나 목차를 먼저 훑는 이들도 있을 것입니다. 혹은 그냥 아무 페이지나 펼쳐 문장 몇 줄을 읽어 보는 경우도 흔하지요. 독서 관련하여 제가 가장 많이 받는 질문은 다음과 같습니다. "대표님은 책을 얼마나 빨리 읽으세요?", "그 많은 책을 어떻게 다 읽고 기억하세요?", 그리고 "어떻게 그렇게 정확히 핵심을 짚어 내세요?"

 저 역시 처음부터 핵심 문장을 잘 찾아낸 건 아니었습니다. 한때는 책 읽는 것이 버겁게 느껴지기까지 했습니다. 페이지를 넘겨도 무슨 말인지 와닿지 않았고, 줄줄이 이어지는 문장들 속에서 어떤 부분이 중요한지 분간하기 어려웠습니다. 책을 덮고 나면 그럴듯한 말들이 많았던 건 같은데, 정작 머릿속엔 아무것도 남지 않은 느낌이 들곤 했지요.

저는 저자들이 어떻게 문장을 구성하는지, 어떤 문장에 힘을 주는지, 어디에서 독자의 주의를 집중시키는지에 대해 유심히 관찰하기 시작했습니다. 꾸준히 읽고 분석한 끝에, 모든 책에는 저자만의 '의도된 리듬'이 있으며, 그 리듬 속에 반드시 '핵심 문장'이 숨어 있다는 사실에 확신 가지게 되었습니다.

책은 단순한 정보의 나열이 아닙니다. 저자의 사고, 신념, 철학이 언어라는 그릇에 담겨 펼쳐지는 일종의 서사입니다. 작가들은 수십 번, 수백 번 문장을 다듬으며 중요한 메시지를 어떻게 가장 효과적으로 전달할지 고민합니다. 그런 문장은 대체로 간결하고 단정합니다. 복잡한 수식어 없이도 힘이 느껴집니다. 읽는 순간, '아, 이 말이구나' 하고 무릎을 치게 만드는 문장들이지요. 저는 그런 문장을 찾는 법을 알게 되었고, 그 기술을 '3초 스캔 기술'이라 이름 붙였습니다. 말 그대로 책의 한 페이지를 펼치고 3초 안에 그 안에 숨어 있는 핵심 문장을 포착하는 기술입니다.

3초 스캔 기술의 첫 번째 원칙은, '눈으로 읽지 말고 귀로 읽는 상상'을 하는 것입니다. 종이에 적힌 문장을 소리 내지 않고 머릿속으로만 읽되, 마치 누군가가 내게 낭독해 주는 것처럼 리듬을 느끼며 읽는 겁니다. 그렇게 읽다 보면 문장이 가진 고유의 리듬이 들리기 시작하고, 그중 특정 문장에서 리듬이 '탁' 하고 멈추는 느낌이 옵니다. 그 순간이 바로 핵심 문장과 조우하는 순간입니다.

두 번째 원칙은, '형용사가 빠진 문장을 주목하라' 하는 것입니다. 핵심 문장에는 대개 불필요한 수식어가 없습니다. 저자가 진심으로 하고 싶은 말일수록 더욱 단정하게 표현합니다. 예를 들어 "성공하려면 정말 많은 노력이 필요하다."라는 문장보다 "노력은 성과의 기본값이다." 같은 표현이 훨씬 더 중심을 잡아 주는 문장이지요. 짧고 단정한 문장, 군더더기 없이 의미만 남은 문장들이야말로 저자의 의도가 가장 응축된 표현입니다.

세 번째 원칙은, '문맥을 지배하는 문장을 포착하라' 하는 내용입니다. 책을 읽다 보면 유난히 어떤 문장이 전체 맥락을 이끄는 중심축처럼 느껴질 때가 있습니다. 저는 그런 문장을 '원심 문장'이라 부릅니다. 중심에서부터 의미가 퍼져나가는 문장, 다시 말해 전체 흐름을 조율하는 기준이 되는 문장이지요. 이런 문장을 찾아내면, 그 문장을 중심으로 나머지 내용이 퍼즐처럼 맞춰집니다. 마치 저자와 같은 방향을 바라보며 책을 읽는 듯한 감각을 경험하게 되지요.

이 기술을 익히고 나면 더 이상 책 읽기가 부담스럽지 않을 겁니다. 책 펼칠 때마다 '이번 책에서는 어떤 문장이 나를 행동하게 만들까?' 하는 기대감으로 설렐 테지요. 처음부터 끝까지 다 읽지 않아도 몇 페이지 안에서 중심 문장 몇 개만 발견해도 충분합니다. 그런 독서 방식이 내용을 더 오래 기억나게 하고 더 깊게 이해할 수 있도록 해 줍니다.

책을 다 읽지 않아도 중심이 보입니다. 예전에는 책이 항상 부담이었는데, 이제는 놀이처럼 느껴집니다. 짧은 시간에 핵심을 찾으니 독서가 삶에 바로 적용되기도 합니다. 3초 스캔 기술의 힘입니다.

물론 이 기술이 마법처럼 모든 책을 즉시 꿰뚫게 해 주는 건 아닙니다. 중요한 것은 '읽는 자세'입니다. 단순히 정보를 얻기 위한 읽기가 아니라 저자의 생각을 포착하고 연결하는 태도, 핵심 문장을 찾겠다는 의도가 있어야 합니다. 그 태도 하나가, 책이 주는 메시지를 우리 삶에 붙잡아 둘 수 있게 합니다.

사람들은 묻습니다.
"그렇게 빨리 읽어도 정말로 책 내용을 기억할 수 있나요?"
문장을 읽는 것이 아니라 가슴으로 느낄 수 있다면, 당연히 더 오래 더 많이 기억할 수 있겠지요.
머리로 읽은 문장은 쉽게 잊히지만, 가슴으로 느낀 문장은 오래 기억됩니다. 핵심 문장은 머리가 아니라 마음에 남는 문장이기 때문입니다.

　핵심 문장을 찾는 것은 단순히 독서 속도를 높이기 위한 기술이 아닙니다. 그것은 책에서 건져 올린 단 하나의 문장으로 내 삶을 다시 설계하는 도구입니다. 저는 속독을 추구하는 사람이 아닙니다. 철저한 슬로 리딩을 강조합니다. 핵심을 찾는 이유는 책 내용을 내 것으로 만들기 위함이지, 단순히 빨리 읽기 위함이 아니란 점을 다시 강조합니다. 많은 사람이 책을 많이 읽는데도 삶이 달라지지 않는다고 말합니다. 핵심 문장을 놓쳤기 때문입니다. 그 한 문장을 찾는 순간, 책은 더 이상 활자 덩어리가 아닙니다. 삶의 나침반이 됩니다. 방향을 제시하고, 내면의 동기를 일깨우는 말 한마디가 됩니다.

　매일 아침 책을 펼칠 때마다 책이 나에게 주는 단 하나의 문장을 찾기 위해 눈에 불을 켭니다. 오래 걸리지 않습니다. 3초 스캔 기술, 지금 당장 누구나 시작할 수 있습니다. 삶을 바꾸는 문장은, 책 속 어딘가에서 우리를 기다리고 있습니다.

2. 불필요한 예시와
감정을 걷어 내는 법

　책을 읽는다는 것은 결국 누군가의 생각 속으로 들어가는 일입니다. 작가가 쓴 여러 개의 문장 속에서 명확히 무엇을 말하고자 하는지를 찾아내야 하지요. 때로는 그 길이 꽤나 복잡하고 험난합니다. 이야기는 돌고 돌아 산을 넘고, 문장은 감정에 젖어 흘러가고, 예시는 끝없이 이어집니다. 독자로서 내가 원하는 건 분명한데, '도대체 작가가 말하고자 하는 핵심이 뭐지?' 하는 질문이 머릿속에 맴돌곤 합니다.
　책장을 넘기며 감탄하거나, 분노하거나, 심지어 울컥하기도 합니다. 답답하기 때문이지요. 마치 누군가의 인생에 깊이 개입한 느낌입니다. 그러나 책 덮고 나면 허무합니다. 감정은 지나갔는데 남는 게 없기 때문입니다. 다시 책을 펴고 중요한 내용을 찾으려 해도 어디에 있는지 알 수 없습니다. 한참을 읽었는데도 결국 '이 책이 무슨 말을 하려고 한 거지?' 하는 질문만 다시 떠올라 허탈한 거지요.

독서란 단순히 공감만 하는 행위가 아닙니다. 책 속 인물과 함께 울고 웃는 일만으로는 충분하지 않습니다. 정보가 넘쳐 나는 시대, 우리는 더 이상 책을 '느끼기 위해서만' 읽을 수는 없습니다. 요점은 무엇인가, 저자의 주장은 어떤가, 나에게 어떤 통찰을 주는가. 이런 기준이 없다면 수십 권 읽어도 삶은 바뀌지 않습니다. 책을 읽을 때 감정과 예시를 먼저 걷어 내는 연습을 해야 하는 이유입니다.

예시는 분명 이해를 돕기 위해 존재합니다. 추상적인 개념을 쉽게 풀어내기 위해 작가는 여러 가지 사례를 덧붙입니다. 문제는 그 예시가 너무 길어질 때가 있다는 사실입니다. 한 장, 두 장을 넘겨도 여전히 예시만 이어질 때가 있습니다. 이런 글은 독자의 주의를 흐트러뜨리고 본론으로부터 멀어지게 합니다. 마치 긴 영화 예고편을 본 뒤 정작 영화 본편이 무엇이었는지 기억나지 않는 것과 같습니다.

요약 독서법을 실천하면서부터 책을 읽을 때 예시가 등장하면 잠시 멈추고 스스로 질문합니다. '이 예시는 무슨 개념을 설명하려고 등장했지?', '앞서 저자가 말한 문장과 이 사례는 어떤 관련이 있지?' 질문을 던지고 난 후, 예시를 건너뛰고 다시 핵심으로 돌아가 봅니다. 이야기를 다 읽지 않아도 충분히 개념 잡을 수 있습니다. 예시를 짧게 스캔하고 넘어가면서 전체 흐름이 더 잘 보입니다.

감정도 마찬가지입니다. 감정은 저자의 진심을 보여 주고, 독자의 몰입을 돕습니다. 그러나 때로는 감정이 본질을 가립니다. 특히 자기계발서나 실용서를 읽을 때, 저자의 분노, 고통, 후회, 감격이 과도하게 섞이면 독자는 그 감정에 압도당하고 맙니다. 저자가 울먹이며 전한 메시지를 들은 우리는, 울컥하는 마음은 가질지언정 정확한 논지를 파악하기는 어렵습니다.

감정이 짙게 깔린 문장을 만나면 일단 감정을 분리하는 것이 좋습니다. 마음이 흔들릴 때일수록 머리는 차갑게 유지해야 합니다. "왜 이 사람이 이렇게 격렬한 감정을 담았을까?", "이 감정 아래 숨겨진 핵심 문장은 무엇일까?" 저자의 감정을 읽는 대신, 그 감정이 출발한 문장을 찾는 거지요. 거기서부터 단서를 이어 가다 보면, 반드시 중요한 핵심 하나가 숨어 있다는 걸 찾게 됩니다.

이런 독서를 반복하다 보면, 책 읽는 속도도 빨라지고 기억에 남는 내용도 많아집니다. 무엇보다 요약이 가능해집니다. 책을 읽고 나면 반드시 한 문단으로 요약해 보는 습관 가져야 합니다. 처음에는 막막할 수 있지만, 감정 걷어 내고 예시 걷어낸 후 남은 문장들만 추려 내면 책의 뼈대가 드러납니다. 책이 말하고 싶은 본질이 보이기 시작한다는 뜻입니다.

책을 읽는다는 것은 곧 '정보 속에서 구조를 찾는 일'입니다. 구조는 늘 감정이나 예시 뒤에 숨어 있습니다. 저자는 자신의 생각을 설득하기 위해 감정을 담고 예시를 덧붙입니다. 우리가 그 모든 껍질을 벗겨 내고 마주해야 할 것은 단 하나, 저자의 '주장'입니다. 그것을 붙잡을 수 있을 때 비로소 독서가 삶에 영향을 주기 시작합니다.

"작가가 하고 싶은 말은 무엇인가?" 감정과 예시를 하나씩 걷어 내면서 답을 찾아갑니다. 이런 식의 독서는 금에서 불순물을 제거하는 작업과 같습니다. 더 단단하고 강한 핵심만이 남는 거지요. 핵심은 내 것이 되어 삶에 적용할 수 있게 됩니다.

감정을 느끼는 독서에서 구조를 읽는 독서로 넘어오는 것. 그것이 바로 요약 독서의 시작입니다. 책이 말하고자 하는 중심을 명확히 파악하고, 감정은 가슴으로 느끼되 핵심 메시지는 머리로 받아들이는 독서. 예시는 참조하되 그에 휘둘리지 않는 독서. 이런 방식의 독서를 훈련하면, 훨씬 적은 시간으로도 더 깊은 이해를 얻게 됩니다.

책을 향해 질문을 던지며 읽는 습관은 독서의 품질을 바꿔 놓습니다. 정보는 넘쳐 납니다. 중요한 정보는 감정과 예시의 껍질을 벗겨 내야만 만날 수 있습니다. 핵심을 꿰뚫는 훈련을 해야 합니다. 불필요한 것을 걷어 내고 본질을 찾는 능력. 그것이 요약 독서법의 본질이며 책을 자기 것으로 만드는 첫 번째 관문입니다.

3. 한 문장으로
책을 압축하는 공식

책을 읽고 나면 머릿속이 복잡해질 때가 많습니다. 이 책이 정말 좋은 책인지, 나에게 어떤 의미가 있었는지, 무엇을 남겨야 하는지 애매해질 때가 많지요. 그럴 때마다 책을 덮고 가만히 생각합니다.

'그래서 이 책은 결국 무슨 말을 하고 싶은 거지?'

많은 사람이 책을 읽고도 기억에 남지 않는다고 말합니다. 그 이유는 단순합니다. 핵심이 정리되지 않았기 때문이지요. 간단한 방법 하나를 소개합니다. 어떤 책이든, 마지막에는 '한 문장으로 압축한다'는 원칙입니다.

처음엔 잘 되지 않을 수 있습니다. 책에는 너무 많은 정보와 내용이 있고, 저자는 여러 이야기를 하고 있으며, 독자 개인이 느끼는 바도 여러 갈래일 테니까 말이죠. 하지만 '한 문장'이라는 틀을 정해 두고 나면, 도리어 생각이 선명해진다는 사실에 주목해야 합니다. 책을 요약하려고 하면 산만해지기 마련인데요. 단 한 문장을 뽑으려고 하면 중요한 문장 하나에만 집중하게 됩니다. 요점만 뽑아내는 것이 아니라 감정까지 함께 담으려 하다 보면 그 문장이 독자 자신만의 문장으로 바뀌어 갑니다. 책을 요약하는 것이 아니라, 자기 안에 남긴 흔적을 문장으로 남기는 연습을 하는 겁니다.

이 방법의 좋은 점은, 책을 읽은 뒤에도 오래도록 기억된다는 겁니다. 얼마 전 읽은 책에서 뽑은 한 문장은 이랬습니다. "결국 나를 이끄는 힘은 타인의 평가가 아니라 나 자신의 기준이다." 이 문장을 적어 두고 나니, 책 전체의 메시지가 제 안에 선명해졌습니다. 그 뒤로 그 책을 다시 들춰 볼 일도 줄어들었고, 다른 사람에게 소개할 때도 훨씬 명료하게 전달할 수 있었습니다. 더군다나 이 한 문장은 SNS에도 자연스럽게 녹아들 수 있었고, 짧은 글 한 줄로 사람들과 공감대를 만드는 데 훌륭한 도구가 되어 주기도 했습니다.

사람들은 긴 설명보다는 명료한 한 줄을 더 오래 기억합니다. 말도 그렇습니다. 길게 설명해도 기억에 남는 건 결국 핵심 문장이었지요. 책도 마찬가지입니다. 한 문장으로 압축한다는 건 단순한 요약이 아닙니다. 그 책을 어떻게 소화했는지를 보여 주는 하나의 감각입니다.

그래서 저는 책을 읽으면서도 중간중간 메모를 합니다. '이건 핵심이다, 이건 내 마음을 건드렸다, 이건 저자의 중심 생각 같다.' 그렇게 줄을 그어가며, 하나씩 저만의 문장을 길어 올렸습니다. 마치 긴 이야기에서 결정적인 한 장면을 골라내는 작업과 비슷하지요.

중요한 건 그 한 문장이 '책 전체를 말하고 있어야 한다'는 사실입니다. 저자는 수십 장을 썼지만, 독자는 그 안에서 단 하나의 의미를 찾아냅니다. "그래서 당신이 하고 싶은 말은 무엇인가요?"라고 물었을 때 명확하게 답할 수 있다면, 그 책은 제가 온전히 소화한 거라 말할 수 있겠지요. 이렇게 자기만의 문장을 뽑아내는 연습을 하다 보면, 읽는 방식도 달라집니다. 처음엔 정보를 따라가며 읽었지만, 점점 저자의 마음을 따라가게 되었지요. 그가 왜 이런 문장을 썼는지, 왜 이 표현을 강조했는지를 느끼며 읽게 되는 겁니다.

이 연습은 글쓰기에도 큰 도움이 되었습니다. 책을 한 문장으로 정리한다는 건, 동시에 요약력과 표현력을 모두 길러 주는 일이거든요. 다른 사람의 책을 한 문장으로 정리하면서, 제 글도 더 명료하게 정리할 수 있게 되었지요. 블로그 글을 쓸 때도 도입부에서 그날의 핵심 문장을 미리 던지면, 독자들이 집중해서 읽어 주는 효과가 생겼습니다. 마치 "오늘 이 글은 이런 이야기입니다."라고 깃발을 꽂아 주는 것과 같습니다. 특히 지금처럼 짧고 강한 인사이트를 선호하는 시대에는, 이 한 문장의 힘이 매우 큽니다.

처음엔 어색할 수 있습니다. 무언가를 압축한다는 건, 포기해야 할 정보도 많다는 뜻이니까요. 하지만 한 문장을 만들기 위해 고민하는 과정에서 진짜 중요한 것이 무엇인지가 보이기 시작합니다. 그리고 어느 순간, 자신만의 문장 패턴이 생깁니다. 어떤 책이든 마지막 장을 덮으며 저절로 문장이 떠오르는 수준까지 가게 되지요. 저 역시 처음엔 억지로 만들었습니다. 하지만 매일 한 권, 한 문장을 적는 습관이 쌓이면서, 지금은 글쓰기뿐 아니라 생각하는 힘까지 훨씬 정리되었다고 느낍니다.

독서 후 한 문장을 적는 전용 노트를 만드는 것도 권할 만합니다. 책 제목, 읽은 날짜, 그리고 자신이 만든 한 문장을 적어 두는 방식입니다. 그 노트를 한 장씩 넘기다 보면, 마치 인생의 어록집 같다는 생각이 들 겁니다. 단지 남의 책을 읽은 기록이 아니라, 자신이 느끼고 사유한 흔적이 남는 것이지요. 저는 그 문장들을 꺼내어 다시 글을 쓰기도 하고, 강의에서 인용하기도 합니다. 그럴 때마다, 단순한 독서를 넘어선 감각의 확장이란 이런 것이구나 싶습니다.

책을 읽는 것보다 중요한 건 그 책이 내 안에 남는 방식입니다. 남의 언어가 내 언어로 바뀌는 순간 비로소 독서는 내 것이 됩니다. 한 문장으로 책을 압축하는 공식은 복잡하지 않습니다. 몇 가지 질문만 기억하면 됩니다. '이 책이 말하고 싶은 핵심은 무엇인가요?', '이 책을 통해 내가 느낀 가장 강한 감정은 무엇이었나요?', '이 책의 메시지를 다른 사람에게 전한다면 어떤 문장으로 표현할 수 있을까요?' 이 세 가지 질문만 계속 던지다 보면, 어느새 자기만의 한 문장이 자연스럽게 떠오를 것입니다.

이 공식은 결과보다 과정에 더 큰 의미가 있습니다. 완벽한 문장을 만드는 것이 아니라 스스로 생각을 정리하는 시간이 독서를 더 깊게 만들어 주기 때문입니다. 책을 한 문장으로 정리하는 연습, 단순해 보여도 꾸준히 실천하면 엄청난 내공이 쌓입니다. 책을 많이 읽는 것보다 어떻게 읽고 어떻게 남기는지가 중요하다는 걸 이 방법을 통해 분명히 깨닫게 될 겁니다.

책을 덮기 전, 딱 한 줄만 적어 보는 것. 처음에는 버벅거릴 수 있지만, 분명 곧 익숙해질 겁니다. 나만의 문장이 쌓여갈수록 책은 더 이상 스쳐 지나가는 텍스트가 아니라, 나만의 언어가 되어 있을 겁니다.

4. 저자가 반복하는 패턴을 읽는 비법

 책을 읽다 보면 유독 눈에 자주 밟히는 단어들이 있습니다. 문장이 비슷하게 반복되기도 하고, 특정한 문장 구조나 표현이 여러 번 등장하기도 하지요. 처음에는 우연이라고 생각했습니다. 하지만 책을 많이 읽고, 반복해서 읽고, 저자의 의도를 추적해 보고서야 알 수 있었습니다. 반복은 우연이 아니라 의도였다는 사실을요. 작가는 아무 생각 없이 문장을 쓰지 않습니다. 글의 흐름, 감정의 리듬, 독자의 머릿속에 오래 남기기 위해 철저히 계산된 패턴을 씁니다. 그 패턴을 읽어 낼 수 있으면, 우리는 책을 더 깊게, 더 정확하게 이해할 수 있게 됩니다.

 저자는 절대 아무 말이나 반복하지 않습니다. 같은 말을 반복할 때는 분명한 이유가 있습니다. 강조이기도 하고, 리듬이기도 하며, 독자의 머릿속에 뭔가를 '남기기' 위한 장치이기도 합니다. 유시민 작가의 글을 보면 "사람은 생각하는 동물입니다."라는 문장이 조금씩 형태를 바꾸어 반복됩니다. 처음엔 이게 무슨 반복인가 싶지만, 글 전체를 읽고 다시 보면 흐름 속에 의도적으로 자리 잡은 '주장'이었음을 알게 됩니다. 저자는 그 말을 머릿속에 남기고 싶은 것이었고, 독자가 글을 다 읽고 덮었을 때 그 문장이 떠오르도록 한 것이었지요.

책을 읽을 때마다 제가 꼭 체크하는 것이 있습니다. '이 작가가 어떤 말을 반복하고 있는가' 하는 점입니다. 문장도 봐야 하지만, '의미'가 반복되었는지를 보는 것이 핵심입니다. 어떤 작가는 같은 단어를 반복하고, 어떤 작가는 비슷한 구조로 문장을 씁니다. 이를테면 "~해야 한다.", "~하지 않으면 안 된다.", "~하지 않으면 결국 실패한다." 같은 구조지요. 이런 반복은 저자가 주장하는 핵심 메시지입니다. 저는 그 패턴을 발견할 때마다 노트에 따로 적어 둡니다. '이 작가는 이런 구조로 강조하는구나', '이건 이 책의 테마다' 등과 같이 말이지요.

반복 패턴을 읽는 능력이 곧 독해력입니다. 단순히 글을 '읽었다'는 차원을 넘어서, 저자의 생각 구조까지 꿰뚫는 훈련이 됩니다. 많은 사람이 책을 다 읽고 나서도 "그래서 무슨 말을 하려는 거지?" 하며 의문을 품는 이유는, 이러한 패턴을 놓치기 때문입니다. 저자가 열심히 남기려 했던 흔적을 읽어 내지 못한 채 표면적인 정보만 따라가다 보면, 글의 중심이 보이지 않게 되는 거지요. 그래서 저는 항상 책을 읽을 때, 눈에 띄는 반복이나 미묘하게 변형된 표현들을 주의 깊게 살핍니다. 그 안에서 공통된 리듬을 찾으려는 의도지요. 마치 작곡가의 멜로디를 따라가듯 말입니다.

또 하나 중요한 점은, 저자의 감정이 반복되는 구절에 담긴다는 사실입니다. 단어는 곧 감정의 결정체입니다. 저자가 같은 단어를 여러 번 쓴다는 것은, 그만큼 그 감정을 강조하고 싶다는 뜻이지요. '두려움', '희망', '노력', '운명'… 이런 단어들이 여러 번 반복되는 책을 읽어 보면, 저자가 어떤 상태에서 글을 썼는지를 짐작할 수 있습니다. 저는 그런 단어들에 체크 표시를 해 가며 읽습니다. 체크한 단어들을 중심으로 문장을 다시 연결해 보기도 합니다. 그러면 책의 주제가 선명하게 드러나는 경우 많습니다.

특히 에세이처럼 감정이 중요한 책일수록 이 방법이 효과적입니다. 감정은 흐름을 만들고, 그 흐름은 반복을 통해 리듬을 만듭니다. 저자가 한 번 등장시킨 감정을 다시 꺼내는 순간, 독자는 더 깊은 공감을 하게 됩니다. 공감을 반복해서 느끼면, 그 작가에게 '빠져든다'라고 표현하게 되지요. 결국 반복은 독자의 감정까지 조율하는 기술인 겁니다. 단어가 반복될 때마다 그 안에 숨은 저자의 감정까지 읽으려 노력해야 합니다. 덕분에 같은 책도 두 번째 읽을 때는 훨씬 더 깊이 느낄 수 있는 겁니다.

실제로 작가들도 말합니다. "한 문장을 세 번쯤 반복하면, 사람들은 그 문장을 기억한다."라고 말이죠. 반복은 뇌에 흔적을 남기는 강력한 장치입니다. 마케팅 문구도, 광고 카피도, 노래 가사도 다 이 원리를 사용합니다. 그러니 책 속에서 반복되는 표현을 가볍게 넘기지 말아야겠지요. 반복은 저자가 독자에게 심어 주고 싶은 생각의 씨앗입니다. 책을 읽고, 그 씨앗을 발견할 때마다 책이 살아 있는 존재처럼 느껴지기도 합니다. 그냥 문장이 아니라, 누군가의 생각이 내 안에 들어오는 경험을 하게 됩니다.

이렇게 반복을 중심으로 책을 읽는 습관은 나중에 글 쓸 때도 유용합니다. '나도 이 문장은 두 번 써야겠다', '여기서 한 번 더 강조해 줘야겠네' 하고 생각하게 되지요. 자연스럽게 글의 밀도가 높아지고, 독자의 반응도 달라집니다. 저는 블로그 글을 쓸 때, 가장 반응이 좋았던 문장을 종종 도입과 결말에 모두 넣습니다. 글의 시작과 끝에 같은 문장이 등장하면, 독자는 훨씬 더 명확하게 메시지를 기억하게 되더군요. 이 역시 반복의 힘입니다.

책을 단순히 '읽는' 단계를 넘어서 '패턴을 읽는' 단계로 올라가면, 독서는 차원이 달라집니다. 그저 정보만 습득하거나 내용 이해에 그치는 게 아니라, 생각을 꿰뚫는 기술이 되는 거지요. 글의 구조가 보이고, 저자의 리듬이 들리고, 감정의 결이 느껴집니다. "이 책에서 가장 많이 반복된 표현은 무엇이었나?", "그 표현을 반복한 이유는 무엇일까?" 이러한 질문에 답할 수 있다면, 책을 제대로 읽은 것이라 볼 수 있겠습니다.

지금 읽고 있는 책에도 분명 저자만의 반복 패턴이 있을 겁니다. 눈에 잘 띄지 않을 수도 있지만, 유심히 들여다보면 반드시 보일 거라 확신합니다. 반복은 언제나 그 자리에 있습니다. 다만 우리가 그것을 얼마나 민감하게 읽어 내느냐의 차이일 뿐입니다. 책을 덮기 전에 한 번쯤 돌아보는 거지요. 어떤 단어가 가장 기억에 남았는지, 어떤 문장이 유난히 자주 보였는지를 말입니다. 그게 바로 저자가 우리에게 남기고자 했던 가장 중요한 메시지 아니겠습니까.

5. 숫자와 데이터를 활용한 요약의 힘

"이 책을 어떻게 요약하지? 무슨 말로 정리해야 할까?"

책 읽고 나면 누구나 한 번쯤 이런 고민을 해 보았을 겁니다. 두꺼운 책 한 권 읽고 나면 머릿속에 많은 정보가 남지만, 막상 누군가에게 한 줄로 설명하라고 하면 말문이 막히는 경험 말입니다. 중요한 내용을 대략 알기는 하겠는데, 정리해서 말하려니 무엇을 빼고 무엇을 넣어야 할지 모르겠고, 결국 "재미있었어요." 혹은 "그냥 한 번쯤 읽어볼 만해요." 등과 같은 말로 둘러대곤 하지요. 그렇게 흐릿하게 남긴 책은 결국 오래 기억되지 못합니다. 핵심을 뽑고, 요약할 수 있어야 내 것이 됩니다. 그럴 때 가장 강력한 도구가 바로 '숫자'와 '데이터'입니다. 이 두 가지는 요약의 힘을 극대화시켜 주는 도구이자 독자 관심을 단숨에 끌어당기는 마법 같은 장치입니다.

책을 읽을 때마다 항상 숫자를 찾습니다. 단순한 수치 하나에도 저자의 핵심 메시지가 숨겨져 있는 경우가 많습니다. "하루에 단 10분씩 글을 썼더니, 1년 후 책 한 권이 나왔습니다."라는 문장은 단순하지만 강력합니다. '10분', '1년', '책 한 권'. 이 세 숫자가 머릿속에 명확한 그림을 그리게 합니다. 단순히 "매일 조금씩 쓰면 됩니다."라는 문장보다 훨씬 설득력 있게 다가오지요. 사람들은 추상적인 말보다는 구체적인 수치에 더 끌리게 되어 있습니다. 숫자는 감정이 아니라 논리를 자극합니다. 그래서 우리는 숫자에 반응하고, 숫자를 기억합니다.

책 한 권의 내용을 정리할 때도 마찬가지입니다. 아무리 좋은 내용이라 해도 "좋은 말이 많았어요."로는 전달이 되지 않지요. 하지만, "이 책에서는 3가지 습관이 성공을 결정한다고 말합니다. 하나, 아침 5시에 일어나기. 둘, 하루 30분 운동하기. 셋, 매일 독서 1시간"이라고 정리하면 듣는 사람도 단번에 책의 구조를 이해하게 됩니다. 요약의 핵심은 바로 이겁니다. '이야기를 정리하는 게 아니라, 구조를 드러내는 것'이죠. 구조는 숫자가 있을 때 가장 분명하게 드러납니다.

책뿐만 아닙니다. 강연을 듣고 요약할 때도 저는 숫자를 중심으로 정리합니다. 예를 들어 강사가 "이 5가지만 실천하면 인생이 달라집니다"라고 말하면, 저는 바로 노트에 '5가지 실천 항목'이라고 적고, 각각의 내용을 구체적으로 써 내려갑니다. 그러면 나중에 강연 전체를 다시 떠올리지 않아도 핵심만으로 정리가 되지요. 이런 방식은 정보가 많을수록 더 효과적입니다. 정보는 많지만 그 안에 '숫자'가 있으면 중심이 생깁니다. 마치 자석처럼 수많은 문장들을 그 숫자 주위로 끌어모으는 느낌이랄까요. 그래서 저는 숫자를 중심으로 정리하는 습관을 중요하게 생각합니다.

요즘처럼 정보가 넘쳐 나는 시대일수록 요약 능력은 더욱 중요해졌습니다. 시간이 부족하기 때문이지요. 블로그 글도 마찬가지입니다. 사람들이 긴 글을 끝까지 읽지 않는 이유는, 시간 투자해서 읽어도 핵심이 무엇인지 모르기 때문입니다. 하지만 글 서두에서 "3가지만 기억하세요."라고 시작하면 상황은 달라집니다. 독자는 '아, 이 글은 3가지만 기억하면 되는구나' 하고 마음을 열게 됩니다. 그 순간부터 집중력이 달라집니다. 숫자는 그렇게 독자의 심리를 조율해 줍니다.

실제로 많은 베스트셀러 작가들도 이런 숫자의 힘을 아주 잘 활용합니다. 책 제목만 봐도 알 수 있습니다. 『1일 1페이지 인문학 365』, 『하루 3줄, 나를 바꾸는 글쓰기』, 『5분 심리학』, 『성공한 사람들의 7가지 습관』… 모두 숫자가 들어간 제목이지요. 왜일까요? 숫자가 들어가면 '기대치'가 생기기 때문입니다. 독자는 '이 책을 읽으면 7가지 습관을 배울 수 있겠구나', '하루 3줄이면 되는구나' 하고 내용을 상상합니다. 기대가 생기면 책을 열게 됩니다. 글을 클릭하게 됩니다. 숫자가 사람의 뇌에 바로 작용하기 때문입니다.

저는 요즘 책을 읽을 때도, 글을 쓸 때도 숫자 중심으로 사고합니다. 문장을 읽을 때 '여기서 어떤 수치를 뽑을 수 있을까?', '이걸 숫자로 표현하면 어떨까?' 하고 생각하지요. 예를 들어 '꾸준히 했더니 성공했다'는 말이 나오면, '얼마 동안?', '하루에 몇 시간?', '총 몇 번?'을 추적합니다. 그렇게 숫자를 찾아내면 문장이 훨씬 명확해지고, 독자에게 신뢰를 줄 수 있게 됩니다. 요약이란 신뢰에서 시작되는 것이죠. 막연한 표현보다 구체적인 숫자가 담긴 문장이 훨씬 더 강력하게 다가오는 이유입니다.

숫자와 데이터는 단순한 장식이 아닙니다. 정보의 본질을 꿰뚫는 가장 정확한 방법입니다. 책을 읽고 나서 "무엇이 가장 중요한가?"라는 질문에 답하려면, 가장 많이 반복된 수치, 가장 강조된 숫자를 찾아야 합니다. 그것이 책의 핵심입니다. 예를 들어 건강에 관한 책에서 "하루 만 보 이상 걷는 것이 가장 중요하다."라는 말이 반복된다면, 우리는 그 수치를 중심으로 내용을 요약할 수 있습니다. '하루 만 보 걷기가 핵심이다.' 바로 이렇게 간결하고 명확한 요약이 가능한 것이지요.

책을 읽고 덮을 때마다 숫자를 중심으로 정리해 보는 습관을 권합니다. 한 권의 책에서 가장 자주 등장한 숫자는 무엇이었는지, 저자가 반복해서 강조한 수치는 무엇이었는지 떠올려 보는 겁니다. 수치를 중심으로 요약해 보면, 책 한 권을 하나의 '숫자 요약문'으로 정리할 수 있습니다. 이 방법을 익히면 블로그 포스팅을 쓸 때도, 책을 소개할 때도 훨씬 더 명확하고 설득력 있는 글을 쓸 수 있게 됩니다. 독자들은 '내용이 좋다'보다 '정리가 잘됐다'는 글에 더 오래 머뭅니다. 정리의 힘은 요약이고, 요약의 힘은 숫자입니다.

책 읽을 때 숫자에 집중해 보길 바랍니다. 숫자를 중심으로 글을 정리해 보세요. 처음에는 조금 낯설 수 있지만, 한두 번만 익히면 글의 구조가 완전히 달라집니다. 시간, 횟수, 비율, 기간, 순서⋯. 이 모든 것들이 글에 명확한 윤곽을 만들어 줍니다. 윤곽은 머릿속에 오래 남게 됩니다.

숫자와 데이터를 중심으로 한 요약, 이제는 선택이 아니라 필수입니다. 이것만 익혀도 독서와 글쓰기의 수준이 달라집니다.

6. 질문으로 핵심을 뽑아내는
소크라틱 방식

 책은 다 읽었는데 머릿속은 여전히 복잡했습니다. 좋은 문장도 많았고, 공감되는 이야기도 있었지만, 정작 '이 책이 진짜 하고 싶은 말이 뭘까?' 하는 질문엔 대답을 못 하고 있었지요. 책을 읽는 동안은 참 좋았는데, 덮고 나니 남는 게 없다는 느낌. 찝찝하기도 하고, 내가 시간을 낭비하고 있는 건 아닌가 답답하기도 했습니다. 매일 책 읽고 요약하면서도 '지금 나는 책을 읽은 게 아니라 그냥 지나간 페이지를 눈으로 훑은 것 아닐까?' 하는 생각을 하게 되는 것이지요.

 전환점을 준 방법이 바로 '질문으로 핵심을 뽑아내는 소크라틱 방식'이었습니다. 고대 그리스의 철학자 소크라테스가 제자들과 대화를 나누며 진리에 접근했던 바로 그 방식입니다. 그는 어떤 주장이나 생각이 등장하면 "그게 정말 옳은가?", "그 말의 근거는 무엇인가?", "그렇다면 그 반대는 왜 틀렸는가?" 같은 질문을 던지며 핵심을 파고들었습니다. 단순히 정보를 받아들이는 것이 아니라, 질문을 통해 스스로 생각하게 만드는 방식입니다. 이 방법이야말로 요약 독서에 있어 가장 강력한 도구라 할 수 있겠지요.

책을 읽을 때마다 질문을 던집니다. 한 문장을 읽고 나면, "이 말의 전제는 무엇인가?", "이 주장은 어떤 근거에 기반하고 있는가?", "이것이 의미하는 바는 무엇인가?"라고 스스로 묻는 것이지요. 단순히 밑줄을 긋는 대신, 그 문장에 질문을 달아 놓는 겁니다. 그렇게 질문이 쌓이면, 어느새 책의 뼈대가 보이기 시작합니다. 모든 문장에 질문을 붙이는 건 어렵지만, 중요한 문장만이라도 그렇게 해 두면 글의 구조가 선명하게 드러납니다.

이 방식은 특히 비문학 책, 자기 계발서, 인문서에서 빛을 발합니다. 예를 들어 "성공한 사람은 아침 5시에 일어난다."라는 문장이 있다면, 거기서 바로 질문을 던져야 합니다. "모든 성공한 사람이 그런가?", "그들이 5시에 일어난다는 건 어떤 맥락인가?", "그렇다면 아침 5시 기상은 성공의 원인이 아니라 결과 아닐까?" 이런 식의 질문이 생각을 더 깊게 만듭니다. 그리고 질문하는 과정에서 핵심 메시지를 찾아내게 되지요. 단순히 '일찍 일어나자'가 아니라, '자신의 루틴을 스스로 통제할 수 있는가?'라는 본질적인 주제를 만나게 됩니다.

질문은 요약을 위한 칼과도 같습니다. 문장을 자르고 정리하고 핵심만 남기는 작업을 할 수 있게 해 주지요. 저는 책을 읽을 때마다 이 질문을 꼭 던집니다. "이 책을 한 문장으로 요약하면?" 이러한 물음 하나만으로도 독서는 완전히 달라집니다. 한 문장을 만들기 위해 수십 개의 문장을 되짚어 보고, 결국 가장 중요한 키워드를 발견하게 되니까요. 어떤 책은 대답이 술술 나옵니다. 하지만 어떤 책은 아무리 머리를 쥐어짜도 한 문장으로 정리되지 않습니다. 그럴 땐 질문을 바꿉니다. "저자는 이 책을 왜 썼는가?", "이 책은 독자에게 어떤 행동을 요구하는가?", "이 책의 가장 중요한 주장 하나는 무엇인가?"

이런 질문들은 단순히 요약을 위한 것이 아닙니다. 생각을 정리하고, 나의 언어로 재구성하기 위한 과정입니다. 정보는 외부에서 오지만, 지식은 내 안에서 다시 만들어질 때 비로소 내 것이 됩니다. 질문은 그 다리를 놓아 주는 역할을 합니다. 그냥 '좋은 문장'만 모아 놓는 요약은 금세 잊힙니다. 질문으로 도출해 낸 요약은 뿌리 깊이 머릿속에 남습니다. 그런 경험 수없이 했습니다. '이 책에서 무엇을 배웠는가?'라는 질문보다 '이 책이 나에게 무엇을 묻고 있는가?'라고 되물을 때, 진짜 배움이 시작됩니다.

또 하나 중요한 점은, 이 방식이 매우 실용적이라는 점입니다. 블로그 글을 쓸 때도, 강의를 정리할 때도, 이 질문 방식을 그대로 적용할 수 있습니다. 어떤 책을 소개하는 포스팅을 쓴다고 가정해 봅시다. 막연히 "이 책은 유익하다."라고 쓰는 대신, 질문을 중심으로 글을 짜 보는 겁니다. "이 책의 핵심 질문은 무엇인가?", "저자가 독자에게 바라는 변화는 무엇인가?", "읽고 나서 내가 바뀐 점은 무엇인가?" 이런 질문을 중심으로 글을 구성하면, 독자들은 그 글을 더 오래 기억하게 될 겁니다. 왜냐하면 질문은 독자의 생각을 움직이게 만들기 때문이지요.

질문은 곧 참여입니다. 독자는 질문을 읽는 순간, 스스로 답을 찾고 싶어집니다. 그것이 질문 방식의 가장 강력한 힘입니다. 글을 읽고 '좋은 내용이구나' 하고 끝나는 것이 아니라, '나는 어떻게 생각하지?' 하는 마음이 생기는 것이지요. 그래서 저는 질문을 앞세운 글쓰기를 항상 추천합니다. 특히 요약을 잘하고 싶은 분들께는 '질문 요약법'을 적극 권해 드립니다. 질문이 있는 요약은 살아 있습니다. 단순히 정보를 정리한 게 아니라, 살아 있는 사고의 흔적이 담기기 때문이지요.

책을 읽을 때마다 질문을 던지는 연습을 해야 합니다. "내가 지금 읽은 이 책은 나에게 무엇을 말했는가?", "이 책을 한 줄로 말하면 어떤 문장이 될까?", "내가 이 책을 다른 사람에게 소개할 때 어떤 질문을 던질 것인가?" 이런 질문만으로도 책은 다시 읽히고, 요약은 훨씬 선명해집니다. 아울러, 질문은 독서력 전체를 바꿔 놓게 됩니다. 단순한 독서가 아닌, 생각하는 독서로 넘어가는 길목에 질문이 있으니까요.

소크라테스는 말했습니다. "너 자신을 알라." 그 말은 스스로에게 끊임없이 질문을 던졌기에 가능한 명제였습니다. 우리도 마찬가지입니다. 좋은 독서를 원한다면, 책을 향해, 그리고 나 자신을 향해 질문을 던져야 합니다. "이 문장을 나는 왜 좋다고 느꼈을까?", "이 주장에 나는 정말 동의하는가?", "이 문장을 내 삶에 적용한다면 어떻게 변할 수 있을까?" 질문은 항상 다음 생각을 낳습니다. 다음 생각이 쌓일 때, 비로소 진짜 요약을 하게 됩니다. 질문으로 읽고, 질문으로 요약하세요. 그것이야말로 독서가 주는 가장 깊은 대화 방법입니다.

7. 요약 노트 작성을 위한 황금 템플릿

책 한 권을 정독하고 나면 마음이 참 뿌듯하지요. 좋은 문장을 만나 감탄하기도 하고, 지금 내 삶에 꼭 필요한 조언을 얻기도 하고요. 문제는 책을 덮고 나서입니다. 며칠만 지나도 도대체 무슨 내용이었는지 기억나질 않습니다. '분명히 좋다고 느꼈는데, 왜 하나도 기억나지 않는 거지?' 줄도 긋고, 포스트잇도 붙이고, 심지어 책 표지 뒷면에 메모까지 했지만, 시간이 지나면 그 모든 흔적과 기억이 흐려집니다. 이유가 분명합니다. 핵심을 내 손으로 다시 정리하지 않으면, 책은 그냥 스쳐 지나가는 이야기일 뿐이라는 거지요.

요약 노트를 쓰기 시작했습니다. 단순히 문장을 옮겨 적는 것이 아니라, 읽은 내용을 내가 이해한 대로 다시 정리하고, '나만의 언어'로 쓰는 작업입니다. 그 작업을 꾸준히 하다 보니 하나의 템플릿이 만들어졌습니다. 이른바, '요약 노트 작성을 위한 황금 템플릿'입니다. 이 템플릿을 쓰기 시작한 이후로 저는 책을 읽고 핵심을 오래 기억하게 되었고, 블로그 포스팅 소재도 훨씬 풍성해졌습니다. 무엇보다 독서가 더 깊어졌고, 나만의 지식 자산이 차곡차곡 쌓이는 기분이 들었습니다.

템플릿은 단순하고도 강력합니다. 총 다섯 가지 질문으로 구성되어 있습니다. 매번 책을 다 읽은 후, 이 질문에만 충실히 답하는 겁니다. 요약 노트는 그 자체로 하나의 콘텐츠가 되고, 다시 꺼내 읽어도 생생한 학습 자료가 될 겁니다. 작성한 노트를 블로그에 올리면 독자 반응도 훨씬 좋을 테고요. 단순한 독후감보다 훨씬 깔끔하고 일목요연하게 정리할 수 있고, 누구나 공감할 수 있는 구조이기 때문입니다.

첫 번째 질문은 이렇습니다. "이 책은 왜 쓰였는가?" 저자는 어떤 문제의식을 가졌고, 무엇을 해결하기 위해 이 책을 썼는가를 묻는 질문입니다. 대부분 책은 독자 삶을 변화시키기 위한 목적을 가지고 있습니다. 단순한 정보 전달을 넘어서 어떤 관점의 전환이나 행동의 변화를 유도하려 하지요. 이 질문을 통해 우리는 책의 중심 동기를 파악하게 됩니다. 저자는 왜 이 주제를 선택했을까? 이 책이 존재해야 할 이유는 무엇일까? 이걸 먼저 정리하면, 이후에 나올 모든 내용들이 훨씬 분명하게 연결되기 시작합니다.

두 번째 질문은 "이 책의 핵심 주장은 무엇인가?"입니다. 저자가 하고 싶은 말, 즉 '메시지'를 뽑아내는 과정이지요. 많은 사람이 이 부분에서 실수합니다. 책에 여러 이야기, 다양한 사례가 나오다 보면 이것저것 다 정리하려고 하다가 중심을 잃어버리게 되는 겁니다. 중요한 건 전체 줄기입니다. 이 책은 딱 한 문장으로 말하면 무엇을 말하려는 것인가? 그걸 내 언어로 써 보는 거지요. 처음엔 좀 어렵게 느껴질 수 있지만, 자꾸 해 보면 분명한 패턴이 보입니다. 한 문장 요약은 생각보다 훨씬 강력합니다. 기억에 오래 남고, 나중에 누군가에게 책을 소개할 때도 이 문장 하나면 충분하니까요.

세 번째 질문은 "가장 기억에 남는 문장은 무엇인가?"입니다. 책을 읽다 보면 유독 눈에 들어오는 문장이 있지요. 어떤 문장은 마음을 찌르고, 어떤 문장은 관점을 뒤흔듭니다. 그 문장을 꼭 적어 두세요. 그냥 적는 것에 그치지 말고, 왜 그 문장이 인상 깊었는지도 덧붙여야 합니다. 그 문장이 내 경험이나 가치관과 어떤 연결 고리를 만들고 있는지, 지금 나에게 어떤 울림을 주는지 적어 보는 겁니다. 그렇게 기록한 문장은 단순히 '좋은 글귀'를 넘어서 '나만의 메시지'로 남게 됩니다.

네 번째 질문은 "이 책이 내 삶에 어떤 변화를 줄 수 있는가?"입니다. 책을 읽고 나면 마음은 풍성해지지만, 행동으로 이어지지 않으면 금세 사라집니다. 이 책에서 배운 것을 어떻게 실천할 수 있을까? 하루 일과에서, 인간관계에서, 업무 방식에서 어떤 식으로 바꿔 볼 수 있을까? 작은 실천 계획이라도 꼭 적습니다. "매일 아침 10분 동안 오늘의 우선순위를 정리한다." 같은 구체적인 문장으로 말이죠. 이 부분은 중요합니다. 독서가 나의 삶에 발을 딛게 하는 순간이기 때문입니다.

마지막 다섯 번째 질문입니다. "이 책을 누구에게 추천하고 싶은가?" 이 질문은 책의 본질을 꿰뚫는 동시에, 독서의 폭을 확장시켜 줍니다. '이 책은 누구에게 필요한가?'를 생각하면, 책의 대상 독자가 명확해지고, 동시에 그 책의 장단점이 분명해집니다. 자연스럽게 다른 사람과 책 이야기를 나누고 싶어집니다. 블로그에 글을 올릴 때도, 이 문장 하나가 들어가면 독자 반응이 다릅니다. '아, 이 책은 나한테도 필요한 책이구나' 하고 느끼게 만들 수 있거든요.

요약하자면, 요약 노트의 황금 템플릿은 다섯 가지 질문으로 완성됩니다.

① 이 책은 왜 쓰였는가?
② 이 책의 핵심 주장은 무엇인가?
③ 가장 기억에 남는 문장은 무엇인가?
④ 이 책이 내 삶에 어떤 변화를 줄 수 있는가?
⑤ 이 책을 누구에게 추천하고 싶은가?

이 다섯 가지 질문에 답하면서 기록하면, 책 한 권을 머릿속에 제대로 새길 수 있습니다. 그 기록은 시간이 지나도 꺼내 볼 수 있는 나만의 지식 노트가 되는 것이고요. 누군가 "그 책 어땠어?"라고 물었을 때, 간단명료하게 설명할 수 있는 힘이 생깁니다. 그냥 읽고 끝나는 독서가 아니라 삶에 남는 독서. 요약 노트의 황금 템플릿을 사용하는 거지요.

책은 우리에게 많은 것을 주지만, 우리가 얼마나 잘 받아들이느냐는 결국 기록에 달려 있습니다. 내 손으로 정리하고, 내 언어로 표현하고, 내 삶에 연결시킬 때 비로소 책은 살아 있는 지식이 됩니다. 한 페이지 읽었다면 한 줄이라도 써 봐야 하는 겁니다. 황금 템플릿을 활용하면 요약은 더 이상 어렵지 않을 겁니다.

8. '이건 버려도 된다'는 신호를 알아채는 법

책 읽다 보면 마음이 참 분주해집니다. 한 줄 한 줄 집중하느라 눈이 바쁘고, 좋은 문장 나올 때마다 밑줄 긋느라 손도 바빠지지요. 어느 순간 책장이 꽤 넘어갔는데, 정작 머릿속은 더 복잡해집니다. 이 책, 너무 많은 이야기를 하고 있는 건 아닐까? 나는 지금 중요한 걸 읽고 있는 걸까? 아니면 그냥 예시와 수사에 휘둘리고 있는 걸까?

독서가 깊어질수록, 독서 노트를 쓸수록 반드시 질문을 만나게 됩니다. 무엇을 남기고, 무엇을 버릴 것인가. 요약을 잘한다는 것은 결국 버릴 줄 안다는 뜻이기도 하지요. 모든 내용을 다 요약할 수는 없습니다. 요약이란, 과감히 덜어 내는 데서 시작합니다. 버려야 할 내용을 집착하듯 붙잡고 있으면, 진짜 중요한 핵심이 흐릿해지고 맙니다.

질문이 생깁니다. '무엇을 버려야 하는지 어떻게 알 수 있을까?' 요약 독서를 하면서 반드시 알아야 할 '버려도 된다는 신호', 그 신호를 알아채는 능력이 곧 요약의 실력이라고 해도 과언이 아닙니다.

책에는 많은 문장과 예시가 등장합니다. 그리고 저자들은 대체로 친절하지요. 같은 말을 반복해서 표현하고, 다양한 사례를 붙여 이해를 돕습니다. 하지만 그 친절함이 독자에게는 혼란이 되기도 합니다. 처음엔 좋았지만, 중반부에 가면 '이 말, 또 나왔네', '이 얘긴 앞에서도 본 것 같은데' 하는 느낌이 들기 시작하지요. 바로 그 지점이 '버려도 된다는 신호'입니다.

첫 번째 신호는 '같은 말을 반복하고 있다'는 느낌입니다. 이건 글이 지루하다는 말이 아니라, 저자가 중요하다고 생각하는 개념을 여러 번 강조한다는 뜻이기도 하지요. 하지만 요약의 관점에서는, 같은 메시지를 반복해서 적을 필요는 없습니다. 그중 가장 강력하게 와닿았던 문장 하나만 남기고 나머지는 과감히 덜어 내서도 괜찮습니다. 핵심은 반복되는 의미가 아니라, 그 안에서 가장 강렬했던 표현을 택하는 것입니다. 반복하고 있다는 걸 발견한 후, 그것이 중요하다는 의미까지 파악했다면, 이후로는 반복하는 표현 자체를 무시해도 된다는 뜻입니다.

두 번째 신호는 '사례가 너무 많다'는 느낌이 들 때입니다. 하나의 메시지를 설명하기 위해 수많은 예시를 붙이는 경우가 있는데요. 현실적인 이야기, 유명인의 경험담, 또는 역사적인 사건까지. 처음 한두 개는 이해에 도움이 되지만, 그 이상은 내용의 깊이를 더하기보단 맥락을 흐리게 만들 수 있습니다. 이럴 땐 '이 예시가 진짜 이 메시지를 이해하는 데 꼭 필요한가?'라고 스스로에게 질문해 보아야 합니다. 답이 '아니요'라면, 과감하게 줄여도 됩니다. 요약이란, 예시의 풍부함을 기록하는 것이 아니라, 예시를 통해 드러난 의미를 남기는 작업입니다.

세 번째 신호는 '감정적인 수식이 많다'는 느낌입니다. 특히 자기 계발서나 에세이 분야 책에서는 독자 공감을 끌어내기 위한 감정적인 표현이 많습니다. "이 순간, 당신의 심장은 뛰고 있을 것입니다." 같은 문장들이 대표적이지요. 이런 문장은 읽는 동안엔 몰입을 높여 주지만, 요약의 관점에선 큰 도움 되지 않습니다. 문학적인 문장이 아닌 정보 중심의 요약을 원할 때는 반드시 덜어 내야 할 부분입니다. 감정은 순간의 몰입을 위해 쓰인 장치일 뿐, 본질적인 내용은 아니니까요.

네 번째 신호는 '읽고 나서 별다른 생각이 들지 않는다'는 감각입니다. 어떤 문장은 화려하게 꾸며져 있어도 읽고 나면 마음에 아무 자국 남기지 않는 경우가 있습니다. 이런 문장은 예쁘기만 한 포장지에 불과합니다. 요약은 '예쁘다'가 아니라 '남는다'가 기준이 되어야 합니다. 읽고 나서 '그래, 이거야!' 하는 느낌이 드는 문장들만 추려야 합니다. 그게 바로 요약 노트에 남겨야 할 핵심입니다.

마지막으로 꼭 짚고 싶은 내용이 있습니다. 저자의 말이 아니라, 나에게 중요한 말을 중심에 둬야 한다는 것이지요. 많은 사람이 요약 노트를 쓸 때 저자가 중요하다고 강조한 내용을 중심에 두는데요. 요약의 진짜 목적은 '작가의 의도'가 아니라 '내 삶에 써먹을 만한 내용'을 뽑아내기 위함입니다. 그러니 저자의 강조보다 나의 깨달음이 더 중요하지요. 읽는 내내 내 삶과 연결된 문장, 내 고민에 닿았던 문장을 남겨야 합니다. 그게 바로 버릴 것과 남길 것을 구분하는 기준이 됩니다.

책 한 권을 읽고 한 줄 요약을 남긴다는 건 단순한 일이 아닙니다. 수많은 문장을 지나며 결국 나에게 남는 하나를 발견하는 과정이지요. 이 모든 과정을 잘 해내려면 '덜어 내는 눈'이 있어야 합니다. 좋은 글이라고 다 적는다면, 그건 요약이 아니라 필사에 가깝습니다.

진짜 요약은 선택입니다. 선택은 버림에서 시작됩니다.

처음부터 끝까지 다 적으려고 애쓰기보다, '어디까지 버려도 괜찮은가'를 고민해 보는 거지요. 그 과정에서 독서의 깊이가 달라지고, 요약의 완성도가 올라갑니다. 내가 무엇을 버릴 수 있느냐에 따라 무엇을 끝까지 붙잡을 것인지가 더 선명해집니다.

요약 독서법은 기억하는 독서를 만듭니다. 기억은 '남기는 기술' 못지않게 '덜어 내는 감각'이 필요합니다. '이건… 버려도 되지 않을까?' 하는 질문이 드는 순간, 진짜 중요한 문장을 남기게 됩니다.

4부

요약을 습관으로 만드는 실전 훈련

1. 하루 10분으로 시작하는
요약 독서 루틴

　독서, 늘 마음은 있는데 시간이 없다고 느낀 적 많을 겁니다. 책 사서 책장에 꽂아 두기만 했다가 어느 날 다시 꺼냈을 땐 처음보다 더 부담스럽게 느껴집니다. 특히 자기 계발서나 인문서처럼 '읽고 나서 내 것으로 만들어야 한다' 하는 생각이 들면, 시작조차 하기 힘듭니다.

　그런데요, 사실 독서라는 건 시간을 낸다고 잘되는 일이 아닙니다. 시간을 줄여야 꾸준히 할 수 있는 일이지요. 30분씩, 한 시간씩 여유 있게 읽겠다는 계획은 이상적이지만 현실적이진 않습니다. 제가 효과를 본 것은 '하루 10분 요약 독서 루틴'입니다. 말 그대로, 단 10분만 투자해도 독서가 습관이 되고, 요약까지 가능한 루틴입니다.

아침마다 눈 뜨자마자 휴대폰 들여다보는 시간, 커피 한 잔 마시며 멍하니 앉아 있는 시간, 퇴근 후 잠깐의 여유 시간, 출퇴근 시간…. 매일 틈틈이 생겨나는 '10분'들을 '요약 독서'로 전환하면 인생 리듬이 확 달라집니다. 중요한 건 시간의 길이가 아니라, '핵심만 남기는 방식'입니다. 지금부터 그 방법을 구체적으로 정리해 보겠습니다.

요약 독서 루틴은 세 가지 단계로 구성됩니다. 읽기, 뽑기, 남기기. 딱 이 3단계만 기억하면 됩니다. 각 단계에 투자되는 시간은 고작 3~4분 정도입니다. 처음부터 완벽하게 하려고 할 필요 없습니다. '느슨한 완벽주의'를 권하고 싶습니다. 흐름을 끊지 않는 게 중요합니다.

먼저, '읽기'입니다. 10분 루틴에서 가장 중요한 것은 '부분 독서'입니다. 책 전체를 읽는 것이 아니라, 하루에 딱 2~3쪽 정도만 읽습니다. 너무 적다고 느껴질 수도 있지만, 요약 독서 습관을 들이기 위해서는 이 정도면 충분합니다. 집중해서 읽는다면 한두 문장만으로도 큰 통찰을 얻을 수 있거든요. 읽을 때는 밑줄을 긋지 않아도 괜찮습니다. 그 시간에 내용을 더 천천히 곱씹는 게 좋습니다.

다음은 '뽑기' 단계입니다. 방금 읽은 내용 중에서 가장 기억에 남는 문장 하나, 또는 '내가 이 책을 통해 오늘 알게 된 가장 중요한 메시지'를 한 줄로 뽑아 보는 겁니다. 저자의 표현 그대로 베끼는 것이 아니라, '나의 언어'로 바꾸는 것이죠. 요약은 기억을 위한 도구이지 필사를 위한 작업이 아닙니다. "성공한 사람들은 시간 관리를 잘한다."라는 문장을 읽었다면, "나는 퇴근 후 30분 루틴을 먼저 만들자." 처럼 자신의 맥락으로 재해석하는 것이 요약 독서의 핵심입니다.

마지막 단계는 '남기기'입니다. 거창할 필요가 없습니다. 작은 노트나 메모장에 한 줄만 쓰면 됩니다. 예쁜 문구류를 살 필요도 없고, 멋진 독서 앱을 쓸 필요도 없습니다. 중요한 건 '어디에나 쉽게 꺼내 볼 수 있도록 기록하는 것'입니다. 저는 개인적으로 구글 Keep이나 네이버 메모장, 작은 수첩 등을 주로 사용합니다. 그날 읽은 책 요약을 그곳에 남겨 두면, 나중에 찾아보기도 쉽고, 뭔가 하나씩 쌓이는 기분도 들어서 뿌듯합니다.

이 모든 과정이 10분도 채 걸리지 않습니다. 책 2~3페이지 읽고, 핵심 한 줄을 뽑아서, 내 언어로 메모하는 것. 이 과정을 한 달만 이어 가 보세요. 30개의 요약 문장이 생깁니다. 그 30줄이 모이면, 그게 곧 '나만의 책'이 되는 겁니다. 책 한 권 다 읽고도 기억에 남지 않아 허무해질 일이 없습니다. 짧게 읽고도 오래 기억나는 경험을 하게 될 겁니다.

많은 사람이 요약 독서라고 하면, 고급 기술이나 대단한 정리력을 떠올리는데요, 전혀 그렇지 않습니다. 중요한 건 '꾸준함'입니다. 아침에 딱 10분, 잠들기 전 10분, 출퇴근길 지하철에서 10분, 이 짧은 시간이 지식과 기억, 그리고 인생 방향을 조금씩 바꾸게 됩니다.

이 루틴이 좋은 또 하나의 이유는 '성취감'입니다. 하루의 끝에, 오늘 읽은 책의 요약 문장 하나를 남긴다는 건 꽤 큰 만족을 줍니다. 많은 사람이 자기 계발서를 읽으면서도 자존감이 낮아지는 이유는, '나는 아무것도 안 하고 있다'는 무력감 때문입니다. 매일 하나씩 남기는 요약은, 아주 작지만 분명한 기록이며, 그 기록이 자존감을 서서히 올려 줍니다.

끝으로 꼭 드리고 싶은 말씀이 있습니다. 시작은 작게, 하지만 꾸준히. 처음부터 책 한 권을 요약하려고 애쓸 필요 없습니다. 하루에 한 문장, 하루에 한 메시지. 그것만으로도 충분히 시작할 수 있습니다. 10분이면 됩니다. 단 10분이면 누구나 요약 독서를 '루틴'으로 만들 수 있습니다. 그 루틴이 결국, 지식과 생각을 완전히 바꿔 놓게 됩니다. 10분만 시간을 내어 한 문장을 남겨 보는 거지요. 그 한 줄이 내일의 생각을 바꾸고, 이번 달의 삶을 변화시킬 수 있습니다.

2. 책 선택 가이드
— 쉬운 것부터 공략하라

 독서를 결심한 사람이라면, 가장 먼저 마주하게 되는 선택이 있습니다. 어떤 책부터 읽을 것인가 하는 거지요. 책을 고르는 일은 단순한 시작이 아니라 독서 습관의 운명을 좌우하는 결정이 되기도 합니다. 잘못된 선택을 하게 되면 의욕은 쉽게 꺾이고, '역시 나는 책과 안 맞나 보다' 하는 자기부정으로 끝나 버리기도 합니다.

 독서를 결심한 사람이라면, 처음엔 무조건 쉬운 책부터 공략해야 합니다. 너무 쉬운 책은 읽으나 마나 한 것 아닌가. 의문을 가질 수 있지만, 이 전략이 얼마나 강력한지 실제로 실천해 보면 놀랄 겁니다. 독서 습관은 난이도로 기르는 게 아니라 성취감으로 기르는 것이기 때문입니다.

처음부터 너무 무겁고 진지한 책을 선택하면 책장을 넘기기조차 힘듭니다. 도입부부터 난해한 문장, 끝없는 예시, 이해가 필요한 전제들이 쏟아지면 '내가 뭘 놓쳤지?' 하는 불안이 밀려오지요. 독서는 곧 나와의 대화인데, 시작부터 이 대화가 불편해지면 이어갈 이유가 사라져 버립니다.

저도 그랬습니다. 한때 '이왕 읽는 거면 깊이 있는 책을 읽자'는 마음으로 고전을 꺼내 들었지요. 괴테의 『파우스트』, 니체의 『자라투스트라는 이렇게 말했다』, 칼 융의 『심리학과 종교』 같은 책들이었는데요, 시작할 땐 의욕이 넘쳤습니다. 문제는 오래가지 않는다는 거였습니다. 책은 그대로 책장에, 제 독서는 그대로 제자리였지요.

서점에서 아무 생각 없이 펼쳐 본 얇은 책 한 권이 있었습니다. 쉽게 쓰였고, 금방 읽혔습니다. 거창한 이론도 없었고, 문장도 아주 평이했지요. 하지만 책을 덮고 나서 들었던 생각은 분명했습니다. "끝까지 읽었다. 해냈다." 그 하루가, 그 책 한 권이, 제 독서 인생을 바꿔 놓았지요.

독서에서 가장 중요한 건 '읽은 책의 권수'도, '어려운 책을 소화했는가'도 아닙니다. 계속 읽게 만드는 탄력입니다. 쉬운 책은 탄력을 만들어 줍니다. 글 읽는 속도가 붙고, 요약하고 싶은 문장이 쏙쏙 눈에 들어오고, 읽는 동안 나도 모르게 '나, 책 읽는 사람 같아.' 하는 작은 자부심도 피어납니다.

요약 독서를 권할 때 가장 먼저 하는 이야기도 같습니다. 책은 쉬운 것부터 고르세요! 이해하기 쉬운 주제, 흥미로운 제목, 짧은 분량, 읽기 편한 문체. 이 네 가지 조건만 만족해도 충분합니다. 『1일 1페이지, 세상에서 가장 짧은 교양 수업』이나 『아주 작은 습관의 힘』, 『적당히 가까운 사이』 같은 책들은 요약 독서 입문자들에게 아주 훌륭한 선택입니다. 어렵지 않지만 할 이야기가 많고, 읽고 나면 한 줄 요약이 절로 떠오르지요.

'쉬운 책 = 얕은 책'이라는 편견도 말도 안 되는 고정관념입니다. 깊이는 독자의 태도에서 나오는 것이지, 책의 두께에서 오지 않으니까요. 어떤 사람은 아주 얇은 에세이 한 권에서 인생의 통찰을 발견하고, 또 어떤 사람은 500페이지짜리 전문 서적을 다 읽고도 아무 생각 없이 책을 덮기도 합니다. 요약 독서를 하다 보면, 어떤 책이든 자기만의 메시지로 끌어내는 힘이 생깁니다.

아울러, 쉬운 책은 요약 훈련에도 좋습니다. 글의 구조가 명확하고 문장이 간결하기 때문에 핵심을 뽑아내기 쉽고, 요약 연습을 반복하기에 더없이 적합하지요. 처음엔 '어떤 문장을 요약해야 하지?' 하던 사람들이, 점점 '이 부분은 이렇게 정리하면 되겠네.' 하고 스스로 문장을 다듬게 됩니다. 그게 요약 독서의 묘미이자, 뇌의 사고 체계가 변하는 지점이기도 합니다.

물론 시간이 지나고 독서에 익숙해지면, 도전해 볼 수 있는 책의 폭도 넓어집니다. 그때는 어렵고 무거운 책도 요약 독서를 통해 충분히 소화할 수 있습니다. 하지만 그 시기가 오기 전까지는 무리하지 않아도 괜찮습니다. 쉬운 책으로 재미를 찾고, 요약으로 성취를 쌓고, 루틴으로 익숙해지기. 이 순서가 가장 현실적이면서도 효과적인 방법입니다.

독서는 마라톤과 같습니다. 첫 5분을 어떻게 뛰느냐가 전체 흐름을 좌우하지요. 처음부터 질주하면 금방 지치고, 아예 출발이 두려워질 수도 있습니다. 반면, 편안한 속도로 몸을 풀고 리듬을 잡아 가면, 끝까지 완주할 수 있는 에너지가 생깁니다. 쉬운 책은 '첫 5분'에 해당합니다. 나를 독서의 리듬에 올려놓는 출발점이지요.

혹시 지금 어떤 책을 읽어야 할지 망설이고 있다면, 너무 깊게 고민하지 않아도 됩니다. 서점에 가서 온라인 추천 도서 목록을 둘러보며 자신에게 가볍게 말을 걸어오는 책 한 권을 골라 보는 거지요. 제목이 편안한 책, 표지가 친근한 책, 목차만 봐도 궁금해지는 책. 그런 책이 바로, 지금 나에게 가장 맞는 책입니다. 책 읽으며 하루 한 문장, 한 문단이라도 요약하면 됩니다. 이것이 요약 독서법의 진짜 시작입니다.

3. 5일 만에 요약 마스터가 되는 챌린지

요즘 부쩍 독서에 관심 있는 사람이 많아진 것 같아 기쁩니다. 지식을 얻기 위해, 자기 계발을 위해, 혹은 여가 시간 활용을 위해 책을 펼치는 거지요. 그런데, 책을 '읽는 것'과 '내 것으로 만드는 것'은 전혀 다르다는 걸 아마 이 글을 읽는 여러분도 느낀 적 있을 겁니다. 분명 책을 읽었는데도 나중에 기억나는 게 거의 없다면, 독서 시간이 암만 늘어도 별 의미가 없을 겁니다.

이러한 이유로 제가 지금 이 책을 쓰고 있는 겁니다. 요약 독서법은 핵심만 정리하고, 중요한 내용은 내 말로 바꾸고, 그 과정에서 책을 진짜로 '씹고 삼키는' 독서 방법이지요. 문제는 이 요약을 많은 사람이 생각보다 어렵게 느낀다는 데 있습니다. 어떻게 요약해야 하는지, 어떻게 핵심을 잡아야 하는지 잘 모르기 때문입니다.

단순하고 강력하게 해결할 수 있는 방법 있습니다. 이른바, '5일 만에 요약 마스터가 되는 챌린지'입니다. 단 5일! 하루에 10~15분만 투자하면, 책을 요약하는 눈과 손이 달라지는 걸 경험하게 될 겁니다. 별다른 준비물도 필요 없습니다. 책 한 권, 그리고 노트 하나면 충분합니다.

이 챌린지는 제가 수많은 책을 읽고 강의를 하면서 효과를 본 방법들을 압축해서 만든 겁니다. 누구나 따라할 수 있고, 한 번만 실천해 보면 "아, 요약 독서가 이런 거였구나!" 하고 감 잡을 수 있게 되어 있습니다.

① 첫째 날 — 목차를 요약하라!

첫날은 단순하지만 가장 중요합니다. 목차를 요약하는 훈련입니다. 책의 목차는 단순한 구성표가 아니라 저자가 하고자 하는 이야기를 구조화해 놓은 압축된 버전입니다. 이걸 요약해 보는 순간, 책 전체의 맥이 잡히기 시작합니다. 방법은 간단합니다. 각 장의 제목을 보고, 그 안에 어떤 질문이 들어 있을지 스스로 생각해 본 후, 한 문장으로 정리하는 겁니다. 예를 들어 "1장: 성공한 사람들의 습관"이라면 → "성공한 사람들은 왜 루틴을 중요하게 여길까?" 이런 식으로 말이지요.

이 훈련은 목차를 '느낌'으로 읽는 것이 아니라 '논리'로 해석하는 훈련입니다. 많은 사람이 "책을 읽기도 전에 요약이 될까?" 의문을 가집니다. 네, 됩니다. 이 연습은 전체적인 윤곽을 잡고 책을 읽기 쉽게 만들어 주는 강력한 방법입니다.

② 둘째 날 — 하루 한 챕터 요약하기

둘째 날부터는 본격적인 요약 훈련이 시작됩니다. 책을 한 챕터씩 읽고, 그 안에서 가장 중요한 문장 3개만 뽑아 보는 거지요. 그 3개의 문장을 하나로 엮어 한 문단으로 요약하는 겁니다. 포인트는 '그대로 옮기는 것'이 아니라 내 말로 바꾸는 것입니다. 저자의 말을 복사하는 것이 아니라, 내 뇌를 통해 해석된 문장으로 정리하는 게 핵심입니다.

처음엔 시간이 걸리지만, 이 훈련을 반복하다 보면 점점 중요한 문장을 고르는 눈이 생기고, 말로 풀어내는 힘도 자라납니다. 낯설던 운동이 반복할수록 몸에 붙는 것처럼요.

③ 셋째 날 ― 책 속 질문에 답해 보기

셋째 날에는 책에 나오는 주요 질문이나 주제를 중심으로 나만의 답변을 적어 보는 훈련을 합니다. 예를 들어, 어떤 책에서 "왜 사람은 실패를 두려워할까?"라는 주제를 다뤘다면, 저자의 의견을 요약한 뒤 나만의 의견을 한 문단으로 적어 보는 겁니다.

이 훈련의 핵심은 단순한 요약을 넘어 생각을 연결하고 확장하는 힘을 키우는 데 있습니다. 책과의 대화를 시작하는 거지요. 이 단계에서 많은 독자가 독서의 진짜 재미를 느끼기 시작합니다. '읽기'만 하던 독서가 '생각하기'로 확장되는 순간이기 때문입니다.

④ 넷째 날 ― 세 문장 요약 도전

이제는 본격적인 요약 훈련으로 들어갑니다. 하루 동안 읽은 내용을 단 세 문장으로 정리해 보는 겁니다. 어렵게 느껴질 수 있습니다. 하지만 꾸준히 연습하다 보면, '어? 이 문장만으로도 충분히 핵심이 잡히네?' 하는 경험을 하게 됩니다.

세 문장 요약은 시간도 적게 들고, 반복할수록 실력도 늘어납니다. 무엇보다 SNS나 블로그에 기록하기 딱 좋은 포맷이기도 하지요.

저도 요약 독서를 할 때 가장 즐겨 쓰는 방식입니다. '한 책당 세 문장 요약'만 모아도 나중엔 내가 읽은 책들이 정리된 하나의 지식 노트가 됩니다.

⑤ 다섯째 날 ― 한 페이지 요약 마스터

마지막 날입니다. 이제까지 했던 훈련들을 토대로, 하루 동안 읽은 내용을 한 페이지에 요약해 보는 작업입니다. 제목, 핵심 문장, 느낀 점, 나만의 한 줄 정리까지. 이걸 하나의 양식처럼 만들어 두면, 앞으로 어떤 책을 읽든 쉽게 적용할 수 있는 나만의 요약 틀이 생깁니다.

이걸 저는 '요약 독서 템플릿'이라고 부릅니다. 독서 후 남는 것이 없다는 사람들은 대부분 이 정리 과정을 생략한 경우가 많습니다. 단 5일간 챌린지를 통해 독서 정리 루틴이 생기면, 독서가 달라집니다. 읽는 독서에서 남는 독서로 전환되는 것이지요.

요약 독서란 거창한 기술이 아닙니다. 매일 조금씩 훈련하고 반복해서 책 핵심 내용을 내 것으로 만드는 과정입니다. 이 챌린지를 통해 요약 감각이 몸에 배기 시작하면, 책을 고를 때부터 읽을 때까지의 모든 과정이 명확하고 가벼워집니다. 무엇보다, 읽고 끝나는 독서가 아니라 쌓이고 기억되는 독서로 나아갈 수 있게 됩니다.

4. 속독과 요약의 컬래버레이션
— 시간 단축의 극대화

　책 읽는 목적은 지식과 정보, 그리고 지혜를 얻기 위함입니다. 모든 문장을 정독하며 읽는 방식으로는 당연히 시간 효율이 떨어질 테지요. 특히 업무와 일상에 바쁜 현대인에게는 제한된 시간 안에 더 많은 무언가를 습득할 수 있는 방법이 필요합니다. 속독과 요약이 그 해법이 될 수 있습니다. 두 가지를 함께 사용하면, 시간은 줄이고 정보의 본질은 더 정확하게 파악할 수 있습니다.

　속독은 빠르게 읽는 기술입니다. 하지만 무작정 속도를 높이면 내용의 이해도와 기억력이 떨어질 수 있습니다. 중요한 건 '무엇을 빠르게 읽을 것인가'를 구분하는 눈입니다. 속독은 먼저 책의 구조를 파악하는 데서 시작합니다. 책의 목차, 각 장의 제목, 첫 문단과 마지막 문단을 훑어보며 전체적인 흐름을 이해하는 것이 좋습니다. 이를 통해 책이 전달하려는 핵심 메시지를 대략적으로 파악할 수 있습니다.

속독의 핵심은 '모든 문장을 읽지 않아도 되는 용기'입니다. 모든 정보가 동일한 가치를 가지지는 않기 때문입니다. 저자가 반복해서 강조하는 문장, 굵은 글씨나 따옴표로 강조된 문장, 사례를 설명한 후 정리한 문장들이 핵심일 가능성이 높습니다. 이런 부분은 집중해서 읽고, 나머지는 눈으로만 훑어도 충분합니다.

속독만으로는 부족합니다. 빠르게 읽었더라도 그 내용을 정리하지 않으면 금세 잊게 됩니다. 그래서 필요한 것이 요약입니다. 요약은 책을 읽고 난 후, 핵심만 추려서 정리하는 과정입니다. 요약은 단순한 정리가 아닙니다. 정보를 구조화하고, 자신만의 언어로 재정리하는 훈련입니다.

요약의 시작은 질문입니다. 이 책이 말하고자 한 핵심은 무엇인가? 이 장에서 얻은 가장 중요한 메시지는 무엇인가? 저자는 독자에게 어떤 행동을 기대하는가? 이런 질문에 스스로 답하면서 내용을 정리해 보아야 합니다. 요약은 문장보다는 키워드 중심으로 적는 것이 좋습니다. 핵심 단어를 기준으로 정리하면 내용의 뼈대가 드러나기 때문입니다.

속독과 요약은 따로 떨어진 기술이 아닙니다. 함께 사용할 때 시너지가 극대화됩니다. 속독을 통해 빠르게 내용을 훑고, 요약을 통해 중요한 정보를 정리하면, 정보와 지식과 지혜의 습득 속도는 비약적으로 향상됩니다. 실제로 많은 독서가가 속독과 요약을 결합한 독서법을 통해 하루에 두세 권의 책을 소화하고 있습니다. 이 방법은 정보 중심의 실용서나 자기 계발서에 특히 효과적입니다.

속독과 요약을 잘하려면 연습이 필요합니다. 처음에는 시간을 들여야 하지만, 반복할수록 눈이 달라지고 뇌가 구조를 파악하는 속도도 빨라집니다. 익숙해지면 속독 중에 이미 요약이 머릿속에서 자동으로 정리되는 단계에 도달할 수 있습니다. 이것이 바로 궁극적인 목적입니다.

속독과 요약을 잘하기 위한 몇 가지 팁을 정리해 봅니다.

첫 번째, 책을 펼치기 전 목적을 분명히 해야 합니다. 이 책을 왜 읽는가? 필요한 내용은 무엇인가? 목적이 명확하면 불필요한 부분을 과감히 넘길 수 있습니다.

두 번째, 읽기 전에 전체 목차를 파악하면 도움이 됩니다. 구조를 알면 흐름을 예측하기 쉬워지기 때문이죠.

세 번째, 장마다 핵심 문장을 표시하고, 그 문장을 기준으로 내용을 정리해야 합니다.

네 번째, 이것이 가장 중요한데요. 책을 덮은 후 A4 용지 한 장에

다 요약해 보는 겁니다. 기억나는 내용만, 자기 언어로 정리하는 거지요. 설명할 수 있으면 이해한 것이고, 설명이 막히면 다시 필요한 부분만 재독하면 됩니다.

위 방법은 학습에도 유용합니다. 시험을 준비할 때, 리포트 쓸 때, 발표 자료를 준비할 때, 방대한 자료에서 핵심 뽑아내는 능력은 절대적인 경쟁력이 됩니다. 정보의 양이 기하급수적으로 늘어나는 시대입니다. '무엇을 아느냐'보다 '무엇을 남기고 무엇을 버릴 것인가'가 더 중요해진 세상입니다.

속독과 요약은 단순한 독서 기술이 아닙니다. 이는 정보 선택 능력이며, 집중력을 기르는 도구이고, 나아가 인생의 우선순위를 정리하는 기술입니다. 무조건 많이 읽는 것보다, 중요한 내용을 정확히 이해하고 정리하는 것이 훨씬 더 가치 있습니다.

많은 사람이 책 한 권을 끝까지 읽지 못해 자책합니다. 문제는 끝까지 읽지 못하는 게 아니라, 핵심을 찾지 못하는 데 있습니다. 속독과 요약은 이 문제를 해결해 줍니다. 빠르게 읽되, 정확히 정리하는 방법을 익히면 책 읽기에 대한 두려움은 사라집니다.

지금부터라도 속독과 요약 연습해야 합니다. 책 한 권을 100퍼센트 이해하려고 애쓰기보다, 20퍼센트의 핵심을 정확히 잡는 훈련을 해 보는 거지요. 그 20퍼센트가 실제 행동으로 이어지고, 아울러 인생을 바꾸는 지적 힘이 됩니다.

독서의 목적은 실천입니다. 머리로만 읽고 행동으로 이어지지 않는 독서는 오래가지 못합니다. 속독과 요약은 실천을 위한 정보를 더 빨리, 더 정확히 손에 넣기 위한 전략입니다. 누구나 배울 수 있고 익힐 수 있습니다.

정보에 휘둘리지 말고 정보를 다루는 사람이 되어야지요. 책 쌓아두지 말고, 책 꿰뚫어 보는 힘을 가져야 합니다. 속독과 요약의 컬래버레이션은, 책 내용을 내 것으로 만들어 삶에 적용하는 가장 빠르고 정확한 방법입니다.

5. 오디오북과 전자책을 활용한 스마트 요약법

독서는 더 이상 종이책만의 영역이 아닙니다. 오디오북과 전자책(e-북), 두 가지 포맷은 바쁜 현대인에게 새로운 독서 습관을 제공합니다. 특히 이 두 가지를 적절히 활용하면, 책 한 권을 단시간 내에 요약하고 내 것으로 만드는 데 큰 도움이 됩니다. 이른바, 스마트 요약법입니다. 시간은 아끼고 핵심은 더 정확히 파악할 수 있는 방법입니다.

오디오북은 청각 중심의 독서 방식입니다. 눈으로 읽는 대신 귀로 듣기 때문에 이동 중, 운동 중, 집안일을 하면서도 책을 접할 수 있습니다. 단순한 듣기로 끝나지 않고, 내용의 구조를 파악하고 필요한 정보를 선별적으로 받아들이는 훈련을 한다면 요약 독서로 연결됩니다. 핵심은 그냥 듣는 것이 아니라 목적을 가지고 듣는 의도성입니다. "이 책에서 얻고 싶은 것은 무엇인가?", "이 작가는 어떤 주장을 펼치는가?", "반복해서 말하는 핵심 문장은 무엇인가?"라는 질문을 던지며 들으면 정보가 선명하게 정리됩니다.

오디오북을 활용한 요약법에서는 반복 청취와 구간 설정이 중요합니다. 처음부터 끝까지 한 번에 들으려고 욕심 부리지 말아야 합니다. 1.5배속이나 2배속으로 전체 내용을 먼저 훑은 뒤, 마음 가는 구간은 다시 천천히 반복해서 들으면 됩니다. 요약은 반복하는 동안 자연스럽게 이루어집니다. 메모 앱이나 노트에 핵심 키워드를 간단히 기록하면 더 좋겠지요. 이 과정을 통해 정보의 구조화 작업도 가능합니다.

전자책은 검색과 하이라이트 기능이 뛰어납니다. 책 전체를 눈으로 훑으면서 필요한 부분에 밑줄을 긋고, 북마크를 설정할 수 있습니다. 종이책에서는 어려운 '키워드 중심 독서'를 훨씬 간편하게 할 수 있습니다. 전자책의 장점은, 원하는 정보를 즉시 찾고 모아 한눈에 정리할 수 있다는 데 있습니다. 어떤 개념이 여러 번 등장한다면, 그 단어를 검색해 관련 문장을 모아서 요약할 수 있다는 뜻입니다.

전자책을 활용한 스마트 요약법은 먼저 목차를 기준으로 장별로 핵심 내용을 정리하는 작업에서 시작합니다. 각 장의 제목과 서두 문장, 그리고 마무리 문장을 읽고 반복되는 개념이나 강조된 문장을 하이라이트 표시합니다. 그런 다음 하이라이트 문장만 따로 모아 한 문단으로 정리하면 요약은 절반 이상 완성됩니다. 여기에 자신의 언어로 짧게 한 줄씩 덧붙이면 이해도는 더 깊어질 테지요.

오디오북과 전자책을 함께 활용하면 시너지가 큽니다. 출퇴근길에는 오디오북으로 전체 흐름을 듣고, 퇴근 후에는 전자책으로 다시 읽으며 중요 부분을 정리합니다. 이렇게 하면 두 감각, 즉 청각과 시각을 모두 사용하게 되어 기억이 훨씬 오래갑니다. 특히 정보의 반복 노출은 장기 기억에 매우 효과적입니다. 같은 책을 두 가지 방식으로 접하면 자연스럽게 요약 능력이 향상되고, 핵심이 머릿속에 선명하게 남습니다.

이 두 포맷을 활용할 때 반드시 기억해야 할 점은 목적 독서를 해야 한다는 사실입니다. 단지 재미로 듣고 습관적으로 읽는 것이 아니라, '왜 이 책을 읽는가'를 명확히 해야 한다는 말입니다. 목적 분명하면 정보 선별 능력도 높아집니다. 불필요한 예시나 감정 표현은 걸러지고, 핵심 주장과 실천 방법만 남습니다. 요약이 기술이 아니라 습관이 되는 순간입니다.

오디오북과 전자책은 독서량 늘리는 데도 탁월합니다. 바쁜 일상에서 시간 쪼개 읽을 필요 없이 틈날 때마다 독서를 자연스럽게 끼

워 넣을 수 있습니다. 더 많은 책을 접할 수 있다는 뜻이지요. 무조건 많이 듣고 많이 읽는 것만 중요한 게 아닙니다. 얼마나 정확히 기억하고, 그 내용을 어떻게 행동으로 옮기는가 하는 문제가 핵심입니다. 요약은 단순한 메모가 아니라, 정보를 체계화하고 실천의 단계로 옮기는 다리입니다.

스마트 요약을 위한 구체적인 방법을 정리해 보겠습니다.

첫 번째, 오디오북은 속도 조절과 반복 청취 기능을 적극 활용하면 도움이 됩니다. 빠르게 전체를 훑고, 필요한 구간을 다시 듣는 것이 좋습니다.

두 번째, 전자책에서는 하이라이트 기능을 적극적으로 사용하고, '내보내기' 기능을 활용해 정리한 문장을 따로 저장하는 습관을 들이는 게 좋습니다.

세 번째, 듣고 읽은 내용을 매일 짧게라도 요약하는 습관을 가져야 합니다. 하루 한 줄, 한 문단이면 충분합니다.

네 번째, 요약한 내용을 나만의 언어로 바꾸는 훈련이 필수입니다. 남의 말이 아닌 내 언어로 정리해야 진짜 내 것이 됩니다.

마지막으로 중요한 요소는 지속입니다. 처음에는 어렵고 번거롭게 느껴질 수 있습니다. 하지만 일정한 방식으로 반복하다 보면, 어느 순간부터 요약이 자연스럽게 이루어집니다. 책을 듣고 읽는 것만으로도 머릿속에 핵심이 정리되는 단계에 도달할 수 있습니다. 이것이 진정한 스마트 독서입니다.

정보는 넘쳐 나는 시대입니다. 이제는 얼마나 많은 정보를 접했느냐보다, 얼마나 정제된 정보를 가지고 있느냐가 중요해졌습니다. 오디오북과 전자책은 지금 시대 최적화된 독서 도구입니다. 이 도구들을 단순히 소비하는 수준에서 머물지 말고, 요약이라는 필터를 통해 자신의 지식으로 재구성하는 연습과 훈련을 해야겠지요.

시간은 누구에게나 공평합니다. 같은 시간을 어떻게 쓰느냐에 따라 결과는 달라집니다. 오디오북과 전자책을 활용한 스마트 요약법은 시간을 효율적으로 쓰는 방법입니다. 듣고, 읽고, 정리하고, 실천하는 과정에서 독서는 더 이상 부담이 아닌 인생 바꾸는 전략이 됩니다.

6. 다른 사람에게 설명하며
요약 실력 키우기

책을 읽고 내용을 잘 이해했다고 생각했지만, 막상 누군가에게 설명하려고 하면 말이 잘 나오지 않을 때가 많습니다. 이는 단순히 기억력이 부족해서가 아닙니다. 내용을 온전히 이해하지 못했거나, 핵심이 정리되지 않았기 때문입니다. 독서 후 다른 사람에게 설명하는 과정은 요약 실력을 높이는 데 매우 효과적인 방법입니다. 이해 수준을 점검하고, 핵심을 간결하게 정리하는 훈련이 되기 때문입니다.

사람은 설명할 때 자기 생각을 구조화하게 됩니다. 머릿속에 흩어져 있던 정보를 하나의 흐름으로 정리하고, 그것을 상대가 이해할 수 있는 언어로 표현하려고 노력하게 되는 거지요. 이 과정에서 자연스럽게 불필요한 내용을 걸러 내고 핵심만 뽑아내게 됩니다. 말이 정리된다는 것은 곧 생각이 정리된다는 뜻이고, 이는 요약의 본질과도 맞닿아 있습니다.

설명은 복습보다 효과적인 학습 도구입니다. 단순히 읽고 밑줄 긋고 요약문을 쓰는 것도 도움 되지만, 그것만으로는 부족합니다. 설명은 상호 작용을 전제로 하기 때문에 집중력이 높아지고, 말하는 사람도 듣는 사람도 모두 몰입하게 됩니다. 이러한 이유로, 독서 후 누군가에게 내용을 설명하는 훈련은 단시간에 요약 실력을 향상시켜 줍니다. 단순한 독서가 아니라 사고를 동반한 독서로 발전시키는 지름길입니다.

처음에는 가까운 가족이나 친구에게 설명하는 것부터 시작하면 좋습니다. 책 한 권을 설명하려고 하지 말고, 한 챕터 혹은 한 개념만 가지고 말해 보는 거지요. "이 책은 이런 내용을 말하고 있어. 핵심은 이거야. 예를 들어 이런 사례가 나와." 정도의 간단한 흐름이면 충분합니다. 중요한 것은, 말을 하면서 자신이 어느 부분을 막히는지, 어디서 설명이 부정확한지를 파악하는 데 있습니다. 막히는 부분은 완전히 이해하지 못한 부분입니다. 그 부분 다시 읽고 정리하면 요약 능력이 눈에 띄게 향상됩니다.

내 설명을 듣는 사람이 독서에 관심이 없을수록 더 효과적일 수 있습니다. 관심 없는 사람은 집중력 높지 않기 때문에 짧고 명료한 설명을 요구하게 됩니다. 자신의 요약 능력을 시험하는 무대가 될 수 있다는 뜻이죠. 1분 이내로 요약해서 말할 수 없다면 그것은 완전히 자기 것으로 만들었다고 보기 어렵습니다. 설명은 요약을 실전처럼 훈련하게 만드는 가장 현실적인 도구입니다.

이 과정을 더욱 체계화하고 싶다면, '설명 독서 노트'를 만들어 보는 것도 좋습니다. 책을 읽은 뒤 누군가에게 설명한다고 가정하고 핵심 내용을 구어체로 써 보는 겁니다. "내가 친구에게 말하듯 설명한다면 어떻게 할까?"라는 식으로 작성하면, 추상적인 내용도 자연스럽게 구체화할 수 있습니다. 요약은 복잡한 것을 단순하게 만드는 기술입니다. 설명은 단순화를 실천하는 가장 좋은 도구입니다.

요약은 단순히 분량을 줄이는 행위만이 아닙니다. 의미의 밀도를 높이는 도구입니다. 설명은 그 밀도를 점검하고 다시 조정하는 기회가 되는 거지요. 상대방이 쉽게 이해하지 못했다면, 표현을 바꾸거나 구조를 바꿔야 합니다. 이러한 반복을 통해 같은 정보라도 더 명확하고 설득력 있게 전달하는 능력이 생깁니다. 이 능력은 단순히 요약 능력을 넘어, 커뮤니케이션 전반의 실력을 끌어올립니다.

설명을 잘 하려면, 이해와 구조 파악이 전제되어야 합니다. 즉, 책을 읽고 난 뒤 자신에게 질문을 던지는 것이 중요하다는 말입니다. '이 책의 핵심 주장은 무엇인가?', '이 내용을 한 문장으로 말하면 무엇인가?', '이 책이 반복해서 강조하는 문장은 무엇인가?', '이 내용이 왜 중요한가?' 등과 같은 질문은 생각을 정리하는 데 도움이 됩니다. 설명은 이런 질문에 대한 대답이기도 하지요.

혼자 설명 연습을 하는 방법도 있습니다. 책을 덮고 나서 자신에게 설명하는 겁니다. 소리 내어 말하면 더 좋습니다. "이 책에서는 이런 개념을 말했어. 그 이유는 이런 거고, 예시는 이렇게 나왔어." 이렇게 말로 중얼중얼 설명하다 보면 자연스럽게 요약 실력이 길러집니다. 말이 막히는 지점이 있으면, 그 부분을 다시 확인하고 정리하면 됩니다. 반복할수록 이해는 깊어지고, 설명은 매끄러워집니다.

소셜 미디어나 블로그, 유튜브 등을 활용한 설명도 좋은 방법입니다. 1분 요약 영상, 짧은 글 요약, 키워드 중심 정리 등으로 독서 내용을 공유하면, 자연스럽게 반복 학습이 이루어지고, 설명의 구조가 체계화됩니다. 누군가 내 요약을 보고 "이해가 잘 된다.", "나도 읽고 싶어진다."라고 말한다면, 요약 실력이 제대로 자라고 있다는 증거입니다. 설명을 통해 영향력을 확장하는 단계로 가는 것이죠.

요약은 나를 위한 행위이지만, 설명은 타인을 위한 도구입니다. 다른 사람을 위한 요약은 더 철저하게 정리해야 하며, 그 과정에서 자신의 사고도 더 명확해집니다. 따라서, 설명은 가장 강력한 요약 훈련이 되는 겁니다. 책 읽고 정리만 하지 말고, 설명하는 연습 병행해야 합니다. 요약은 머리에서 끝나지 않고 입을 통해 완성됩니다. 설명하며 요약하는 습관을 들이면, 정보는 더 오래 기억되고, 핵심은 더 날카롭게 다듬어집니다.

  책 읽고 설명하기. 짧게라도 좋습니다. 그것이 가장 확실한 요약 실력 향상의 길입니다. 정보를 받아들이는 데서 멈추지 말고 나누는 데까지 나아가야 진짜 지식이 됩니다. 설명은 요약의 종착지가 아니라 새로운 시작점입니다. 요약 실력 키우고 싶다면, 지금 당장 누군가에게 설명하는 연습을 시작하는 것이 가장 좋은 방법입니다.

7. 요약 후 기억을 10배 오래 남기는 복습법

책 읽고 요약까지는 제법 잘하는 사람 많습니다. 그런데 시간이 조금만 지나면 내용이 흐릿해지고 금세 잊어버린다는 사람도 적지 않습니다. 요약 자체도 중요하지만, 요약한 내용을 오래 기억하기 위해서는 복습이 꼭 필요합니다. 기억은 반복을 통해 강화되며, 체계적인 복습은 요약 효과를 배가시켜 줍니다.

요약했다고 끝난 것이 아닙니다. 요약은 시작일 뿐입니다. 진짜 공부는 요약한 내용을 얼마나 기억하고, 어떻게 반복해서 정리하느냐 하는 거지요. 단순히 책 내용을 축약한 것만으로는 실질적인 변화가 생기지 않습니다. 반복 없는 요약은 오래가지 못합니다. 기억을 장기화하기 위해서는 복습을 구조화해야 합니다.

기억은 시간이 지나면서 자연스럽게 퇴색합니다. 이를 막기 위한 가장 효과적인 방법이 '간격을 두고 반복하기'입니다. 한 번에 여러 번 보는 것이 아니라, 일정한 간격을 두고 보는 것이 훨씬 더 기억에 남습니다. 첫 복습은 요약 직후 10분 이내에 하고, 두 번째는 하루 후, 세 번째는 사흘 후, 다음은 일주일 후, 그리고 한 달 후로 점차 복습 간격을 늘리는 방식이 효과적입니다. 이것을 '분산 반복 복습법'이라고 합니다.

복습은 단순히 읽는 데 그칠 게 아니라 적극적인 방식으로 해야 합니다. 요약 노트를 다시 소리 내어 읽거나, 요약한 내용을 스스로 설명해 보는 것도 좋은 방법입니다. 눈으로 보기만 하는 것보다 귀로 듣거나 입으로 말하는 것이 기억에 더 오래 남습니다. 여러 감각을 활용하는 복습이 당연히 더 효과적이겠지요. 시각, 청각, 언어를 모두 활용하면 뇌가 더 강하게 반응하게 마련이니까요.

요약한 내용을 질문 형식으로 바꾸어 보는 것도 좋은 연습 방법입니다. "이 책의 핵심 주장은 무엇이었는가?", "이 개념은 왜 중요한가?", "이 사례가 말하고자 하는 바는 무엇인가?"와 같은 질문을 자신에게 던지고 대답해 보는 겁니다. 질문을 통해 생각 깊이를 더하고, 단순한 정보가 아닌 지식으로 전환하는 훈련을 하는 것이죠. 질문은 기억을 자극하고, 뇌를 더 오랫동안 활동시키는 효과가 있습니다.

복습할 때는 요약 노트를 한 페이지 이내로 정리하는 것도 기억해야 할 사항입니다. 지나치게 많은 내용을 정리해 놓으면 복습 자체가 부담되어 지속하기 힘듭니다. 핵심 키워드만 남기고 나머지는 과감하게 삭제해야 합니다. 꼭 남길 것만 남기고, 나머지는 지워야 합니다. 요약의 핵심은 걸러 내는 데 있고, 복습의 핵심은 반복하는 데 있습니다.

복습은 꾸준해야 효과 있습니다. 한두 번으로는 충분하지 않습니다. 반복의 힘은 시간이 지나면서 서서히 나타납니다. 처음엔 잘 기억나지 않을 수 있습니다. 하지만 시간이 갈수록 기억나는 속도가 빨라지고 연결되는 지식도 늘어납니다. 어느 순간부터는 외우지 않아도 자연스럽게 말이 나올 정도가 됩니다. 이 정도면 자기 지식이 된 거라 할 수 있겠지요.

효율적인 복습을 위해서는 도구 활용도 필요합니다. 디지털 메모 앱이나 플래시 카드 앱을 사용하면 언제 어디서나 복습이 가능합니다. 특히 플래시 카드는 질문과 답변 구조로 되어 있어서, 앞서 말한 질문 중심 복습을 실천하기에 적합합니다. 이동할 때나 짧은 여유 시간에 틈틈이 활용하면 복습을 일상으로 만들 수 있습니다.

복습을 재미있게 만들기 위한 방법도 있는데요. 단순히 요약 노트를 읽는 것보다, 퀴즈를 만들어서 스스로 테스트해 보거나, 친구나 동료와 함께 퀴즈를 주고받는 겁니다. 게임처럼 접근하면 흥미도 생기고 반복도 쉬워집니다. 무슨 일이든 재미있으면 오래 지속할 수 있습니다. 지속하는 복습만이 기억을 오래 유지하도록 해 줍니다.

복습은 단순히 정보를 반복하는 데 그치지 않습니다. 정보를 자기 식으로 재해석하는 과정이기도 하지요. 요약한 내용 보면서 '나는 이걸 어떻게 느꼈는가?', '이 개념을 내 삶에 어떻게 적용할 수 있을까?'를 생각해 보는 겁니다. 자기 언어로 개인화하는 복습은 감정과 연결되며 기억에 더 오래 남습니다. 사람은 감정을 느낀 정보일수록 더 잘 기억한다고 하지요.

복습은 습관입니다. 독서 후 요약하고, 정리한 내용 반복적으로 확인하는 습관이 있어야 진짜 자기 계발이 됩니다. 한 번 읽고 잊어버리는 독서는 시간 낭비입니다. 반복을 통해 내 것이 될 때 비로소 독서가 삶을 바꿉니다. 요약만 잘하는 사람보다, 요약한 내용을 잘 복습하는 사람이 더 오랫동안 기억하고, 더 잘 활용할 수 있습니다.

복습을 마무리할 때는 반드시 '한 줄 요약'을 권합니다. 한 권의 책에서 가장 핵심적인 내용을 단 하나의 문장으로 표현해 보는 것이죠. 이 한 줄이 기억을 붙잡아 줄 가장 강력한 갈고리입니다. 시간이 지나도 그 한 줄만 떠올리면 책 전체 내용이 머릿속에서 되살아나게 됩니다. 이것이 진정한 의미의 요약 복습입니다.

기억은 쉽게 사라집니다. 그러나 반복은 기억을 붙잡아 줍니다. 요약한 내용을 반복해서 복습하면 지식이 되고, 나아가 지혜로 발전합니다. 책을 읽고 요약했으면, 반드시 복습해야 하는 이유입니다. 그때부터 진짜 변화가 시작될 테니까요. 읽은 책을 오래 기억하고 싶다면, 요약 후 복습을 반드시 습관으로 만들어야 합니다. 기억을 10배 오래 남기는 가장 확실한 방법입니다.

8. 실패한 요약에서 배우는
3가지 교훈

요약은 정보를 정리하는 기술이자 본질을 꿰뚫는 힘입니다. 하지만 모든 요약이 효과적인 것은 아닙니다. 많은 사람이 책을 읽고 요약하면서도 정작 핵심은 놓치고 기억도 오래 하지 못하며 활용조차 하지 못하는 경우 겪습니다. 실패한 요약은 단순한 실수가 아니라, 자기 계발의 중요한 자산이 될 수 있습니다. 실패한 요약에서 배우는 교훈이 다음 요약을 더 단단하게 만들기 때문입니다. 실패 없는 성공은 없습니다. 부족함을 제대로 인식할 때 비로소 성장할 수 있지요. 저도 실패를 많이 했는데요. 요약이 제대로 되지 않았던 경험을 돌아보면서, 반복적으로 나타나는 세 가지 오류를 찾을 수 있었습니다. 세 가지 오류는 곧장 세 가지 교훈으로 이어졌습니다.

첫 번째 교훈은 '정보를 버리지 못하면 요약이 아니다' 라는 사실입니다. 많은 사람이 요약을 하면서도 정보를 줄이지 못하고 원문 내용을 거의 다 옮겨 적는 실수를 범합니다. 마음 한구석에는 '이 내용도 중요할 것 같다'는 생각이 들고, '이건 빼면 안 될 것 같은데' 하는 불안이 생깁니다. 이런 요약은 요약이 아니라 단순한 '베껴 쓰기'가 되어 버리고 맙니다. 핵심과 부차적인 내용을 구분하지 못하면 요약 목적이 흐려집니다. 요약이란 모든 내용을 압축하는 것이 아니라, 꼭 필요한 내용만 남기는 작업이지요. 정보의 우선순위를 판단하지 못하면 요약은 실패할 수밖에 없습니다. 좋은 요약은 과감한 삭제에서 시작됩니다. 무조건 줄이는 것이 아니라, 본질을 해치지 않으면서도 덜어 낼 줄 아는 능력이 필요합니다. '줄이지 못한 요약'은 요약이 아니라 복사에 가깝습니다. 요약할 때마다 작정해야 합니다. "진짜 중요한 핵심만 찾는다!"

두 번째 교훈은 '자신의 언어로 바꾸지 않으면 기억에 남지 않는다' 하는 사실입니다. 실패한 요약의 공통적인 특징 중 하나는 책의 표현을 그대로 옮겨 적는다는 점입니다. 물론 저자의 문장이 간결하고 명료할 수 있습니다. 그러나 그 문장이 내 것이 되지 않으면, 요약은 외부 정보로만 남아 있을 수밖에 없습니다. 요약의 진짜 목적은 기억입니다. 머릿속에 남아야 하고, 말로 설명할 수 있어야 하며, 결국에는 행동으로 이어질 수 있어야 합니다. 그러려면 반드시 자신의 언어로 바꾸어야 합니다. 남의 언어는 쉽게 잊히지만, 자기 언어는 오래 남지요. 책에서 읽은 문장을 자신의 언어로 정리해 보는 연습이 필요합니다. 처음에는 서툴고 어색할 수 있습니다. 하지만 자기식으로 표현하는 연습을 통해 사고력이 자라고, 표현력이 향상되며, 요약 실력도 점점 좋아지게 됩니다. 요약은 복사하는 것이 아니라 재해석하는 작업이지요. 남의 문장을 베껴 쓰는 게 아니라, 그 문장을 내 삶의 문장으로 다시 쓰는 과정이어야 합니다. 자신만의 언어로 요약한 내용이어야만 오래 기억할 수 있고, 또 언제든 꺼내 쓸 수 있는 지식이 되는 겁니다.

세 번째 교훈은 '요약은 목적이 있을 때에만 비로소 의미가 생긴다' 하는 사실입니다. 많은 사람이 요약 자체에 집중하지만, 정작 왜 요약하는지에 대해서는 깊이 생각하지 않습니다. 목적 없이 하는 요약은 방향도 없고 흐름도 없습니다. 단순히 요약했다는 사실에 안도할 뿐, 그 내용을 어떻게 활용할지에 대한 고민은 없지요. 요약은 학습의 수단이지 목적이 아닙니다. 요약한 내용을 발표에 활용할 것인지, 글쓰기 재료로 쓸 것인지, 아니면 실생활에 적용할 것인지에 따라 요약 방식도 달라져야 합니다. 강의 준비를 위해 요약한다면 핵심 문장과 사례 중심으로 정리해야 할 것이고, 블로그에 포스팅할 요약이라면 독자 눈높이를 고려한 간결한 문장이 필요할 겁니다. 실생활에 적용하기 위한 요약이라면 구체적인 실행 항목이 포함되어야 할 테고요. 실패한 요약을 돌아보면, 대부분 명확한 목적 없이 무작정 줄이기만 한 경우가 많았습니다. 목적 없는 요약은 의욕도 없고 내용도 흐릿합니다. 반면, 요약 목적이 분명하면, 어떤 내용을 포함해야 할지 어떤 부분을 버려도 되는지 명확해집니다. 요약 전에 반드시 확인해야 합니다. '나는 지금 왜 요약하고 있는가?' 이 질문에 대한 답이 요약 성공을 결정합니다.

요약은 단순한 기술이 아닙니다. 생각하는 힘이고, 정리하는 능력이며, 표현하는 감각입니다. 요약을 잘하면 말도 잘하게 되고 글도 잘 쓰게 되며 문제 파악하고 해결하는 힘도 커지게 됩니다. 이러한 이유로, 실패한 요약도 소중한 자산이 되는 거지요. 어떤 실수를 했는지 돌아보고, 그 실수에서 무엇을 배웠는지 정리한다면, 다음 요약은 실패하지 않을 수 있습니다. 처음부터 완벽한 요약을 하려 하기보다, 부족한 요약에서 배우는 태도가 훨씬 더 중요합니다. 실패는 불필요한 것이 아니라 필수적인 경험입니다. 실패를 분석하고, 그 안에서 교훈을 찾고, 반복하지 않기 위해 노력한다면, 요약 실력은 반드시 발전합니다.

요약은 한 권의 책을 삶에 남기는 작업입니다. 많은 사람이 요약했다고 착각만 하고 실제로는 아무것도 남지 않는 경우 많습니다. 그럴수록 자신의 요약을 점검하고, 무엇이 빠졌는지, 왜 전달이 되지 않았는지를 파악해야 합니다. 실패한 요약은 잘못된 방향을 알려 주는 이정표입니다. 그 이정표를 무시하지 말고, 교훈을 얻어야지요. 과감한 버리기, 자기 언어로 표현하기, 명확한 목적 설정하기. 이 세 가지 교훈을 기억하고 요약에 적용한다면 다음 요약은 훨씬 명료하고 효과적일 겁니다. 요약은 단순한 줄임이 아니라 통찰의 시작입니다. 통찰은 반복된 실패와 교정에서 비롯됩니다.

5부

요약 독서로
세상을 읽는 리더 되기

1. 한 권의 책으로
산업 트렌드를 읽는 법

　산업 트렌드를 파악하기 위해 수많은 기사와 보고서를 읽고 다양한 유튜브 콘텐츠를 찾아보는 사람이 많습니다. 정보는 넘쳐 나고 방향은 흐려집니다. 너무 많은 정보가 판단을 방해하는 경우는 흔합니다. 필요한 것은 정보의 양이 아니라 질이며, 방향을 잡아 주는 하나의 기준입니다. 저는 그 기준을 '한 권의 책'에서 찾습니다. 단 한 권의 책을 깊이 있게 읽고 요약하는 것만으로도 하나의 산업 트렌드를 꿰뚫을 수 있다고 생각합니다. 핵심은 단순히 책을 읽는 데 있지 않고, 책을 통해 구조를 파악하고 흐름을 분석하며 본질을 찾아내는 데 있습니다.

한 권의 책으로 산업 트렌드를 읽기 위해서는 먼저 책의 선택이 매우 중요합니다. 책을 고를 때는 최신 이슈나 유행 또는 베스트셀러 추천에만 휘둘리면 안 됩니다. 해당 산업을 이론이 아닌 '현장'에서 설명하고 있는 책인지, 실제 기업의 사례가 충분히 담겨 있는 책인지, 트렌드가 아니라 구조와 방향을 말하고 있는 책인지 확인해야 합니다. 겉으로 보기엔 화려하고 대중적이지만, 막상 읽어 보면 깊이가 부족한 책이 많습니다. 반면, 겉은 지루해 보여도 실제 산업의 흐름과 원리를 차분하게 설명한 책도 많거든요. 산업 트렌드를 읽기 위한 독서는 '재미'보다는 '통찰'을 우선으로 해야 합니다. 독서 목적이 명확할수록 책 고르는 기준도 분명해지고, 얻는 정보의 밀도도 높아집니다.

책을 선택한 후에는 전체 구조를 파악해야 합니다. 한 권의 책을 산업 트렌드로 연결 지으려면 단순히 각 장의 내용을 요약하는 데서 그쳐서는 안 됩니다. 저자가 강조하는 핵심 개념이 무엇인지, 그 개념이 현재 어떤 산업 구조 안에서 작동하고 있는지, 그리고 그것이 어떤 방향으로 확장될 수 있는지를 분석해야 합니다. 만약, 어떤 책이 플랫폼 경제를 다룬다면, 그 책에서 말하는 핵심 키워드는 '연결', '네트워크 효과', '양면 시장' 등일 것입니다. 이 키워드들이 실제 어떤 기업에 적용되는지, 그리고 앞으로 어떤 산업에까지 확장될 수 있는지를 질문하고 생각해 봐야 합니다. 이러한 사고 과정을 거쳐야 단순히 책의 내용을 요약하는 것을 넘어 산업의 흐름까지 읽어 낼 수 있게 되는 거지요.

한 권의 책을 트렌드 분석의 출발점으로 삼기 위해서는 반드시 '현재 사례'와 연결하는 작업이 필요합니다. 책에 나온 이론이나 모델이 실제 산업에서 어떻게 적용되고 있는지를 찾아보아야 한다는 말입니다. 지금 내가 읽고 있는 내용이 현재 어떤 기업의 전략과 닮아 있는지, 그 전략이 어느 시점에서 어떤 효과를 내고 있는지를 함께 분석해야 합니다. 고객 중심의 마케팅에 대한 책을 읽었다면, 지금 그 전략을 실제로 실행하고 있는 기업은 어디인지, 어떤 방식으로 마케팅을 실행했는지, 결과는 어땠는지를 함께 비교해 봐야 합니다. 책은 과거의 지식을 담고 있지만, 그 지식을 현재에 어떻게 적용할 것인지 고민해야 미래를 읽을 수 있습니다. 책을 읽는 행위는 단순히 정보를 머릿속에 입력하는 게 아니라, 과거 지식과 현재 사례를 연결하고, 미래 방향을 예측하는 사고 훈련이어야 합니다.

한 권의 책으로 산업 트렌드를 읽어 내려면 '거시적 시각'을 갖는 것도 중요한데요. 책의 한 문장, 한 단락에만 몰두하지 말고, 전체 산업 구조 속에서 그 개념이 어떤 의미를 갖는지를 파악해야 합니다. 단편적인 정보는 쉽게 잊히고, 실제 사례와 연결되지 않으면 활용할 수 없습니다. 거시적 구조를 인식하고 읽으면, 책 내용이 산업 전체 큰 그림 속 어디에 위치하는지 볼 수 있습니다. 예를 들어, '구독 경제'라는 개념을 읽었다 칩시다. 거시적 구조를 인식한다면, 단지 비즈니스 모델의 하나로만 보이지 않고, 소비자 행동의 변화, 데이터 기반 마케팅, 고객 경험 중심 전략 등과 맞물려 있다는 것을 알게 됩니다. 이처럼 책 속 개념을 산업 전체의 흐름 속에 위치시키는 훈련이 필요합니다. 책은 작은 렌즈입니다. 그 렌즈를 통해 더 넓은 풍경을 바라보는 시야가 있어야 합니다.

책을 읽고 나서는 반드시 자신만의 요약과 정리를 해야 합니다. 읽었다고 끝나는 게 아닙니다. 읽은 내용을 내 언어로 정리하고, 그것을 활용 가능한 지식으로 바꾸는 과정이 중요하지요. 요약은 단순히 '이 책은 이런 내용이다'로 끝나서는 안 됩니다. 이 책을 통해 내가 알게 된 산업의 핵심 구조, 지금 주목해야 할 변화, 그리고 내가 어떤 행동을 해야 할지를 포함해야 합니다. "이 책은 디지털 전환이 산업의 근간을 바꾸고 있다는 것을 보여 준다. 특히 고객 경험의 중요성을 강조하며, 기술보다는 고객의 행동 변화에 집중해야 한다고 말한다. 나는 앞으로 고객 데이터를 수집하고 분석하는 역량을 키워야겠다." 이런 식으로 정리하면, 한 권의 책을 통해 얻은 통찰을 삶에 적용할 수 있습니다. 책을 읽은 후 반드시 나만의 언어로 정리하는 습관을 가져야 합니다. 정리하지 않은 독서는 머릿속에서 사라지고 맙니다.

한 권의 책으로 산업 트렌드를 읽는다는 것은 단순한 요약 기술이 아니라 해석과 연결의 능력입니다. 책 내용을 어떻게 바라보는가, 그 안에서 어떤 흐름을 발견하는가, 그리고 그것을 지금 내가 처한 현실과 어떻게 연결할 것인가에 따라 그 책이 주는 가치가 달라집니다. 책은 하나의 도구일 뿐입니다. 중요한 것은 그 도구를 어떻게 활용하느냐 하는 거지요. 같은 책을 읽더라도 어떤 사람은 한 줄 요약으로 끝나고, 또 다른 사람은 새로운 아이디어와 기회를 발견합니다. 산업 트렌드를 읽는 안목은 독서의 깊이와 해석의 훈련에서 나옵니다.

요약하자면, 한 권의 책으로 산업 트렌드를 읽기 위해서는 첫 번째, 트렌드가 아닌 구조와 원리를 담은 책을 선택해야 합니다. 두 번째, 책을 통해 산업의 흐름과 방향을 분석하고, 현재의 실제 사례와 연결해야 합니다. 세 번째, 거시적 시각으로 책의 내용을 산업 전체에 위치시켜야 하고요. 네 번째, 반드시 자신의 언어로 정리해 실제 행동으로 연결해야 합니다. 이 네 가지 원칙을 실천하면, 단 한 권의 책만으로도 산업을 바라보는 눈이 달라지게 됩니다. 더 이상 유행이나 타인의 의견에 휘둘리지 않고, 스스로 판단하고 예측할 수 있는 힘이 생기게 되는 겁니다.

2. 요약 노트를 네트워크 자산으로 바꾸는 기술

많은 사람이 책을 읽고 요약 노트를 작성합니다. 아쉽게도, 대부분 요약 노트는 작성된 후 서랍 속이나 컴퓨터 폴더 속에서 잊힙니다. 읽고 요약하고 정리했음에도 불구하고 그것을 삶에 적용하는 경우는 미미한 듯합니다. 왜 그럴까요? 요약 노트를 개인의 기억 보조 수단으로만 활용하기 때문입니다. 생각을 바꿔야 합니다. 요약 노트는 단순한 정리 도구가 아니라, 타인과 연결되는 자산입니다. 그렇게 발전시켜야 합니다. 네트워크 자산으로 바꾸는 기술을 익히면, 요약은 개인적인 성찰을 넘어 다른 사람들과의 관계를 확장하는 강력한 수단이 됩니다.

요약 노트를 네트워크 자산으로 만들기 위해서는 먼저 '공유 가능성'을 염두에 두고 작성해야 합니다. 대부분 요약은 자신만 이해할 수 있는 방식으로 정리하곤 하는데요. 줄임말, 개인적인 약어, 본인만 아는 맥락 등으로 채워져 있어 다른 사람들이 보기에는 의미가 불분명합니다. 요약 노트를 자산으로 만들고 싶다면, 누가 보더라도 이해할 수 있는 언어와 형식으로 정리해야 합니다. 간결한 문장, 명확한 핵심 요점, 객관적인 용어를 사용하는 것이 중요합니다. 요약이 독자 중심으로 구성되어 있을수록 가치는 높아집니다. 타인의 시간을 절약해 주고 이해를 돕고 도움을 줄 수 있는 요약일수록 네트워크상에서 더 많은 신뢰를 얻게 되는 거지요.

다음으로 중요한 것은 '요약의 유통'입니다. 아무리 정리가 잘된 요약 노트라도 혼자만 가지고 있으면 네트워크 자산이 되지 않습니다. 이를 위해서는 다양한 채널을 통해 요약을 공유해야 합니다. 블로그, 인스타그램, 노션, 뉴스레터, 유튜브 커뮤니티, 링크드인 등 자신에게 적합한 플랫폼을 선택합니다. 처음부터 거창할 필요는 없습니다. 한 줄 요약부터 시작해도 좋습니다. 요약을 정기적으로 업로드하면서 독자들과 소통하는 구조를 만들면, 그것이 곧 관계의 축이 됩니다. 독자들은 단순히 요약을 소비하는 데서 그치지 않고, 그 사람의 사고방식, 해석력, 표현 능력을 통해 신뢰를 쌓아갑니다. 신뢰는 곧 자산입니다.

요약을 공유할 때 중요한 것은 '저자의 콘텐츠를 재생산하는 방식'이 아니라, '자신만의 해석을 덧붙인 방식'으로 표현하는 기술입니다. 단순히 책 내용을 복사해서 올리는 것은 저작권 문제뿐 아니라, 콘텐츠로서의 가치도 낮습니다. 그러나 책의 핵심을 정리한 뒤, 자신의 관점이나 현실에서의 적용 가능성을 덧붙이면 완전히 다른 콘텐츠로 거듭나게 됩니다. 예를 들어 "이 책은 리더십의 다섯 가지 원칙을 다룬다."라고 말하는 것보다 "저는 이 책에서 말하는 리더십 원칙 중 '경청'이 특히 와닿았습니다. 이유는 실제 제 조직에서 가장 부족했던 점이기 때문입니다."라고 표현하면, 읽는 이에게 설득력과 연결감을 줄 수 있습니다. 해석이 곧 차별화입니다.

요약 노트를 네트워크 자산으로 만드는 또 하나의 방법은 '토론과 피드백의 장'으로 활용하는 것인데요. 요약은 정보를 정리하는 데서 끝나는 것이 아니라 사람들과의 대화를 촉진하는 기폭제가 될 수 있습니다. 요약 노트를 공개하고 그에 관한 질문이나 의견을 요청하면 예상보다 활발한 상호 작용이 일어날 수 있습니다. 이 방법은 단순한 노출 이상의 효과를 만듭니다. 자신이 요약한 내용을 다시 해석하게 되고, 다양한 관점을 접하게 되며, 더 깊은 사고로 확장됩니다. 피드백 과정에서 나의 콘텐츠를 기다리는 팔로워, 구독자, 지지자가 형성됩니다. 이것이 바로 '요약 노트의 자산화'입니다. 공유할수록 가치가 커지고, 소통할수록 연결이 강화됩니다.

장기적으로 요약 노트를 자산으로 만들고 싶다면 '카테고리화'와 '아카이빙' 작업이 필요합니다. 요약이 쌓이기 시작하면 그냥 나열하는 것으로는 찾기 어렵고 의미도 떨어집니다. 이를 해결하려면 주제별로 정리하고 쉽게 접근할 수 있도록 분류체계를 구축해야 합니다. '자기 계발', '경제 경영', '인간관계', '창의력' 등으로 분류하고, 각 카테고리 안에 핵심 키워드 중심으로 콘텐츠를 연결하면 좋습니다. 이 과정을 통해 요약 노트는 단순한 기록이 아닌 지식 라이브러리로 전환됩니다. 잘 정리된 라이브러리는 새로운 콘텐츠 제작, 강의 자료, 교육 콘텐츠의 원천이 되기도 하고요. 요약 하나가 콘텐츠 자산으로 진화하는 순간이지요.

요약 노트를 네트워크 자산으로 만드는 마지막 기술은 '브랜딩'입니다. 요약 잘하는 사람은 많지만 요약으로 브랜딩에 성공한 사람은 드뭅니다. 요약을 통해 '생각이 깊은 사람', '정리를 잘하는 사람', '지식을 연결하는 사람'이라는 이미지를 만들 수 있습니다. 그러기 위해서는 요약의 퀄리티뿐 아니라 일관된 목소리와 방향성도 중요합니다. 어떤 분야에 집중하고 있는지, 어떤 스타일로 요약하는지, 어떤 가치를 전달하려 하는지를 지속적으로 보여 줘야 합니다. 요약은 반복할수록 자기만의 스타일이 만들어지고, 스타일은 곧 브랜딩이 됩니다. 브랜딩은 관계를 확장시키고, 새로운 기회를 부르게 되지요.

독서 모임 초대, 강연 요청, 협업 제안 등 다양한 가능성이 열리게 됩니다.

요약은 단순히 정보를 정리하는 행위가 아닙니다. 요약은 생각을 정제하고, 가치를 추출하고, 세상과 연결하는 기술입니다. 요약 노트를 자기 자신을 위한 기억 도구로만 한정 짓지 말았으면 좋겠습니다. 공유하고, 소통하고, 정리하고, 브랜딩하면서 그것을 하나의 콘텐츠 자산으로 키워 가야 합니다. 축적된 요약은 결국 자신만의 지식 네트워크를 형성하게 되고 사람과 기회를 연결하는 다리가 됩니다. 읽고 끝나는 게 아니라 요약하고 확장하는 사람이 결국 네트워크 자산을 만드는 사람입니다.

3. 요약으로
리더십을 발휘하라

　리더십은 단순히 사람들을 이끄는 능력만을 말하는 게 아닙니다. 정보를 정리하고, 방향을 제시하며, 복잡한 상황을 명료하게 전달할 수 있는 능력도 리더십의 핵심 요소입니다. 그중에서도 '요약력'은 리더가 갖춰야 할 가장 실용적이고 중요한 기술 중 하나입니다. 많은 사람이 리더십을 카리스마, 추진력, 의사 결정 능력 등으로만 이해합니다. 하지만 실제 조직과 사회에서 리더로 인정받는 사람들은 복잡한 정보를 핵심만 남겨 쉽게 전달하는 능력을 갖추고 있습니다. 요약은 단순한 기술이 아니라, 신뢰를 얻고 영향력을 발휘하는 리더십의 핵심 도구입니다.

요약이 리더십으로 연결되는 첫 번째 이유는 '정보 처리 능력'을 증명하기 때문입니다. 현대 사회는 정보 과잉의 시대입니다. 쏟아지는 자료, 회의록, 보고서, 이메일 속에서 무엇이 중요한지 구분하고, 그것을 간결하게 정리해서 팀원들에게 전달하는 능력이 없다면 리더 역할을 수행하기 어렵습니다. 요약은 곧 사고 정리 능력입니다. 누군가가 복잡한 상황을 명확하게 정리해서 전달하면 그 사람에 대한 신뢰가 올라가겠지요. 리더가 어떤 입장을 취하든, 요약을 깔끔하게 잘하면 사람들은 귀를 기울입니다. 왜냐하면 그는 '생각이 정리된 사람'이기 때문입니다.

두 번째로 요약은 리더의 '소통력'을 강화합니다. 소통이란 단순히 말을 잘하는 게 아닙니다. 말의 양이 아니라 말의 질이 중요합니다. 상대방이 듣고 이해하고 행동할 수 있도록 명확하게 전달하는 것이 진짜 소통입니다. 요약은 이 소통 과정을 단순화하고 효율화합니다. 회의 시간에 불필요한 말을 줄이고 핵심만 전달하는 사람, 복잡한 상황을 간결한 언어로 정리해 주는 사람, 업무 지시를 명확하게 내리는 사람. 이런 사람은 팀 내에서 자연스럽게 중심이 됩니다. 그가 공식적인 리더가 아니더라도 사람들은 그에게 주목합니다. 요약은 존재감을 만들어 내는 힘이 있습니다.

세 번째로 요약은 리더의 '결정력'을 보여 줍니다. 어떤 내용을 요약할 것인지, 어떤 부분을 생략하고 어떤 부분을 강조할 것인지 판단하는 순간, 그 사람의 사고방식과 우선순위가 드러납니다. 요약은 단순한 정보 압축이 아니라 의사 결정의 표현입니다. 좋은 리더는 늘 판단하고 선택합니다. 좋은 리더의 판단은 단순한 직감이 아니라 복잡한 정보를 요약하고 정리한 후 내려지는 결과입니다. 정리된 생각은 빠르고 명확한 결정을 가능하게 하지요. 조직은 이런 결정을 내릴 수 있는 사람에게 자연스럽게 리더십을 부여합니다.

네 번째로 요약은 리더의 '시간 관리 능력'과도 연결됩니다. 리더의 시간은 곧 조직의 시간입니다. 많은 리더가 회의나 보고에서 불필요하게 많은 시간을 허비합니다. 그러나 요약력이 뛰어난 리더는 짧은 시간 안에 핵심을 짚고, 결론을 내고, 다음 액션을 정리합니다. 이런 리더는 팀 전체의 생산성을 끌어올립니다. 시간 낭비 없이 일의 본질을 파악하고 처리하는 능력은 조직에서 가장 강력한 리더십 자산 중 하나입니다. 요약은 시간의 낭비를 줄이고 본질에 집중하게 만드는 도구입니다.

다섯 번째로 요약은 리더의 '학습력'을 증명합니다. 변화가 빠른 시대일수록 리더는 끊임없이 새로운 지식을 흡수해야 합니다. 지식을 흡수하는 것만으로는 부족합니다. 그것을 구조화하고 요약할 수 있어야 합니다. 그래야만 실제 업무와 의사 결정에 활용할 수 있습니다. 요약은 배운 지식을 내 것으로 만드는 과정이며, 그 과정을 통해 리더는 더 깊고 넓은 시야를 갖게 됩니다. 리더가 요약을 통해 학습한 내용을 팀원들과 공유하면, 그것은 조직 전체의 학습이 됩니다. 개인의 학습을 조직의 성장으로 연결하는 힘, 이것이 바로 요약이 가진 리더십의 확장성입니다.

마지막으로 요약은 리더의 '신뢰'를 쌓는 도구입니다. 팀원들은 말이 많은 사람보다 말이 명확한 사람에게 신뢰를 느낍니다. 긴 설명보다 짧은 정리가 더 효과적인 경우가 많습니다. 누구나 바쁜 시대에 살고 있기 때문에 사람들은 본질만 빠르게 전달해 주는 리더를 선호합니다. 말이 길어질수록 사람들은 피로감을 느끼고 요점을 잃어버립니다. 반면, 핵심만을 뽑아 전달해 주는 리더는 '정확하다', '신뢰할 수 있다'라는 인상을 줍니다. 요약은 신뢰를 얻는 기술이자 영향력을 확대하는 전략입니다.

요약은 단순한 공부 방법이 아닙니다. 요약은 리더로서 갖춰야 할 사고력, 판단력, 전달력, 소통력, 실행력을 한데 모은 통합 기술입니다. 많은 리더가 권한과 직위로 사람을 이끌려고 하지만, 진짜 리더는 말 한마디, 글 한 줄, 문서 한 장으로 신뢰를 얻고 방향을 제시합니다. 그 모든 것의 출발점은 요약입니다. 요약 잘하는 리더는 조직을 명확하게 만들고, 구성원의 사고를 단순화하며, 복잡한 세상 속에서 중심을 잡아 주는 역할을 합니다.

요약은 더 이상 보조 기술이 아닙니다. 핵심 기술입니다. 리더가 되고 싶다면 요약 연습해야 합니다. 읽은 것을 정리하고, 들은 것을 핵심으로 요약하고, 말하고자 하는 내용을 짧고 강력하게 전달할 수 있어야 합니다. 이 모든 것을 반복하면 사람들의 중심에 서게 됩니다. 요약으로 리더십을 발휘하는 사람! 그것이 지금 시대가 필요로 하는 진짜 리더입니다.

4. 다독보다, 정독보다 강력한
요약의 힘

많은 사람이 독서의 중요성을 강조합니다. 어떤 이는 많이 읽는 것이 지식의 폭을 넓힌다고 말하고, 어떤 이는 한 권을 깊이 파고드는 정독이 사고의 깊이를 만들어 준다고 주장합니다. 하지만 저는 그 모든 방식 위에 서 있는 것이 '요약'이라고 생각합니다. 요약은 단순히 줄여서 쓰는 게 아닙니다. 본질을 남기고 군더더기를 걷어 내는 작업입니다. 요약이야말로 다독의 넓이와 정독의 깊이를 동시에 담아내는 가장 강력한 지적 활동입니다.

책을 많이 읽었다고 해서 그 사람이 지혜로운 것은 아닙니다. 기억에 남지 않는 독서는 그저 시간 소비에 지나지 않습니다. 한 권을 여러 번 읽었다고 해서 그 내용을 정확히 설명할 수 있는 것도 아닙니다. 정독한다고 해도 핵심 파악하지 못하면 깊이 있는 이해라고 보기 어렵습니다. 중요한 것은 책을 읽은 후 무엇을 남길 것인지 무엇을 버릴 것인지 결정할 수 있는 능력입니다. 바로 이 지점에서 요약의 힘이 작동하는 거지요.

요약은 사고의 도구입니다. 읽은 내용을 자기 언어로 바꾸고 핵심 내용을 구조화하는 과정에서 독자인 우리는 단순한 수용자가 아닌 능동적인 해석자가 됩니다. 이 능동적 해석이 바로 지식의 내면화 과정입니다. 요약은 암기 도구가 아닙니다. 단순히 짧게 적는 기술이 아니라 의미를 새롭게 구성하는 일입니다. 요약 잘하는 사람은 논리적 사고력도 강하고, 전달력도 뛰어나며, 결정적으로 '말이 되는 글'을 씁니다. 요약은 단순한 글쓰기 기술이 아니라 사고의 정돈이자 표현의 정제입니다.

다독을 목표로 하는 사람 많습니다. 매주 몇 권씩, 한 달에 열 권씩 읽겠다는 계획을 세우곤 하죠. 물론 독서는 좋은 습관이고 지식을 넓히는 데 도움 됩니다. 하지만, 많이 읽는 것보다 중요한 것은 읽은 내용을 얼마만큼 내 것으로 만드느냐 하는 겁니다. 요약은 그 판단 기준을 제시합니다. 한 권을 읽고 단 열 줄로 요약할 수 있다면, 그 사람은 그 책을 자기 것으로 만든 거라고 봐도 무방할 겁니다. 아무리 많이 읽었어도 요약하지 못한다면, 그것은 머릿속을 스쳐 지나간 정보일 뿐이겠지요.

정독 역시 마찬가지입니다. 천천히, 꼼꼼히 읽었다고 해도 요약하지 못한다면 깊이 있는 독서를 했다고 보기 어렵습니다. 정독의 핵심은 '이해'에 있습니다. 이해는 스스로 정리하고 설명할 수 있을 때 비로소 완성됩니다. 요약은 이해를 증명하는 가장 명확한 방법입니다. 책을 읽고 나서 머릿속에 남는 핵심 문장 하나, 흐름을 요약한 문장, 전체 구조를 정리한 다이어그램. 이런 것들이 정독의 결과이자 요약의 산물이지요.

요약의 가장 강력한 점은 응용력입니다. 단순히 정보를 정리하는 데 그치지 않고, 그 정보를 다른 상황에 적용할 수 있는 기반을 만들어 줍니다. 요약을 잘하면 문제 해결 능력이 좋아지고, 의사 결정 속도가 빨라지며, 커뮤니케이션 정확도도 높아집니다. 요약은 단순한 독서 기술이 아닙니다. 삶의 여러 영역에서 응용 가능한 지적 도구입니다. 프레젠테이션, 회의, 협상, 강의, 글쓰기 등 모든 상황에서 요약은 핵심을 꿰뚫는 힘이 됩니다.

요약은 기억력을 강화하는 데에도 탁월한 효과가 있습니다. 읽은 내용을 요약하는 과정 자체가 뇌를 활성화하고 내용을 장기 기억으로 전환합니다. 단순히 밑줄을 긋고 넘어가는 것보다, 핵심을 다시 정리해서 기록하거나 말로 설명하는 것이 훨씬 효과적입니다. 요약은 반복할수록 강해집니다. 처음에는 어색하고 어렵지만, 계속 연습하다 보면 요약하는 눈이 생깁니다. 핵심 문장을 찾아내는 능력, 구조를 파악하는 능력, 불필요한 내용을 걸러 내는 능력이 점점 강화됩니다. 이 모든 것이 장기적으로는 학습의 효율성과 기억력 증진으로 이어지는 거지요.

요약은 나만의 콘텐츠를 만드는 기초가 되기도 합니다. 수많은 지식을 흡수하고도 그것을 전달하지 못하면, 지식은 개인의 영역에 갇혀 버립니다. 하지만 요약을 통해 정리된 정보는 다른 사람에게 전달될 수 있는 형태를 갖추게 되지요. 내가 읽은 책을 요약해서 공유하고, 나만의 방식으로 정리해서 발행하면 그것이 콘텐츠가 됩니다. 요약은 지식을 자산으로 바꾸는 시작점입니다. 블로그, 뉴스레터, 유튜브, 강의 콘텐츠 등은 모두 요약의 연장선에 있습니다. 요약을 통해 나의 생각을 전달하고, 타인의 반응을 얻고, 새로운 기회를 창출할 수 있습니다.

요약은 또한 비교를 가능하게 만듭니다. 여러 권의 책을 요약해 보면, 공통된 주제와 관점을 발견할 수 있고, 반대로 서로 다른 시각도 알 수 있습니다. 이는 다독과 정독이 동시에 요구되는 수준의 통찰입니다. 다독은 다양한 시각을 접하게 해 주고, 정독은 하나의 시각을 깊이 있게 이해하게 합니다. 그런데 요약은 이 모든 것을 종합하여 구조화할 수 있는 도구입니다. 요약 잘하는 사람은 여러 정보를 연결하고 비교하면서 더 높은 차원의 사고로 나아갑니다.

지금은 정보를 많이 아는 사람보다 정보를 잘 정리하고 설명할 수 있는 사람이 인정받는 시대입니다. 지식의 양보다 전달의 질이 중요하고, 사고의 깊이보다 정리의 명확함이 더 큰 가치를 가집니다. 그 중심에 요약이 있습니다. 요약 잘하면 자신감 생깁니다. 말할 때 머뭇거리지 않고, 글 쓸 때 흐름이 자연스러우며, 발표할 때 핵심 정확히 전달할 수 있습니다. 이 모든 것은 단순한 독서 능력을 넘어, 삶을 주도하는 힘으로 작용합니다.

다독이든 정독이든 그 자체보다 중요한 것은 요약입니다. 요약은 독서의 마지막 단계가 아니라 독서의 완성입니다. 다독은 양을 늘려 주고 정독은 질을 높여 주지만, 요약은 그 모든 것을 내 것으로 만드는 힘입니다. 책 읽을 때마다 짧게라도 요약하는 습관 가져 보길 권합니다. 그 과정을 통해 사고는 더 선명해지고, 표현은 더 정확해지며, 기억은 더 오래 남게 될 겁니다. 요약은 모든 지식 활동의 핵심입니다. 다독보다, 정독보다 더 강력한, 진짜 실력입니다.

5. 책에서 뽑은 아이디어로
문제 해결하기

　책을 읽는 이유는 다양하지만, 결국 삶에 도움이 되기를 바라는 마음이 가장 큽니다. 지식을 쌓기 위해, 사고를 넓히기 위해, 혹은 자기 계발을 위해 책을 읽습니다. 그러나 책에서 얻은 지식이 실제 삶의 문제 해결로 이어지는 경우는 생각보다 많지 않습니다. 이유는 단순합니다. 아이디어를 '이해'하는 수준에서 멈췄기 때문이지요. 문제 해결에 필요한 것은 '적용'입니다. 책에서 얻은 아이디어를 실생활의 문제에 연결시키고, 실행 가능한 방식으로 바꾸는 것이 핵심입니다.
　책 읽고, 좋은 문장 밑줄 긋고, 감동적인 내용 메모하는 것만으로는 변화가 일어나지 않습니다. 변화는 연결과 해석에서 시작됩니다. 내가 가진 문제를 명확히 정의하고, 책에서 얻은 아이디어를 그 문제에 맞춰 변형하거나 확장할 수 있어야 합니다. 문제 해결은 창의적 조합의 결과입니다. 책 속 아이디어를 현실 문제에 대입해 보는 과정에서 비로소 진짜 가치가 만들어지는 겁니다. 이때 필요한 것이 '상황 적합성'입니다. 똑같은 아이디어라도 어떤 상황에서는 효과가 있고, 어떤 상황에서는 그렇지 않습니다. 책에 적힌 내용을 무조건 따라 할 게 아니라, 내 문제에 맞게 조율하고 설계하는 작업이 중요합니다.

책 읽을 때는 반드시 '문제 중심 사고'를 함께 가져야 합니다. 단순히 좋은 말, 훌륭한 사례를 수집하는 수준에 머물지 말고, 이 아이디어가 내 문제 해결에 어떤 방식으로 쓰일 수 있을지를 끊임없이 질문해야 합니다. 문제를 해결하려는 의도 없이 읽는 독서는 소비일 뿐입니다. 반면, 특정 문제를 해결하려는 목적을 갖고 읽으면, 책에 담긴 내용들이 훨씬 더 선명하게 다가오고, 관련된 아이디어가 머릿속에서 살아 움직입니다. 문제를 인식하고 책 읽는 사람은 같은 문장도 다르게 읽습니다. 같은 개념도 다르게 해석합니다. 이것이 실행력의 차이를 만듭니다.

실제 문제 해결에 책을 활용하려면 세 가지 절차가 필요합니다.
첫 번째는 문제를 명확히 정의하는 작업입니다. 막연한 불만이나 답답함이 아니라, 구체적인 문장으로 문제를 적어야 합니다. "팀원과의 소통이 어렵다."라는 표현보다 "내가 지시한 업무를 팀원이 정확히 이해하지 못하고 있다."라는 식으로 정의하는 거죠. 그래야 해결 실마리가 보입니다.

두 번째는 관련된 책을 선택하는 것입니다. 선택하는 책 주제는 내가 가진 문제 중심으로 잡는 것이 좋습니다. 리더십 문제라면 조직 관리나 커뮤니케이션에 관한 책을 읽고, 동기부여 문제라면 행동심리나 뇌 과학 관련 책을 선택할 수 있겠지요. 핵심은 '내 문제에 적합한 사고 틀'을 제공해 줄 수 있는 책을 찾아야 한다는 점입니다.

세 번째는 아이디어를 추출하고 변형하는 작업입니다. 책 속 문장을 단순히 베끼기만 할 게 아니라 내 문제에 맞춰 재해석하는 요령이 필요합니다. 책에서 소개된 문제 해결 방식을 그대로 복사하려 하지 말고, 그 원리를 파악하고 나의 상황에 맞게 수정해서 적용하는 거지요. 책 속 아이디어는 원석과 같습니다. 다듬고 가공하는 과정이 없으면 그저 돌덩이에 불과합니다. 문제 해결을 위한 아이디어는 '직접 실행 가능한 형태'로 변환할 때 비로소 살아납니다.

책에서 아이디어 뽑아내는 능력은 훈련을 통해 향상시킬 수 있습니다. 처음에는 요약하는 습관부터 들이는 것이 좋습니다. 책을 읽은 후 단순히 줄거리를 정리하는 게 아니라, 핵심 개념과 실행 포인트를 뽑아내는 연습을 해야 합니다. 한 챕터를 읽고 "이 내용은 어떤 문제를 해결하는 데 어떻게 쓸 수 있을까?"라고 질문하는 거죠. 답을 찾는 과정에서 책 정보가 '내 정보'로 바뀌기 시작합니다. 이어서, 그 아이디어를 실제 삶이나 업무에 적용해 보면 됩니다. 작게라도 실행해 보면 어떤 아이디어가 효과적인지, 어떤 아이디어는 조정이 필요한지를 스스로 알게 됩니다.

중요한 것은 책 속 아이디어가 '지식 자산'으로만 남지 않도록 하겠다는 태도입니다. 지식은 머릿속에 있을 때보다 손과 발로 실행되었을 때 가장 큰 가치가 발생합니다. 실행하지 않은 아이디어는 아무리 뛰어나도 그저 가능성에 불과합니다. 반면, 작고 단순한 아이디어라도 실행하면 그것은 경험이 되고, 경험은 지혜로 바뀝니다. 지혜는 문제를 해결하는 가장 확실한 자산이지요.

책을 통해 문제를 해결하려는 사람은 반드시 메모해야 합니다. 읽은 내용 중 어떤 점이 마음에 와닿았는지, 그 내용이 내 문제와 어떤 연결 고리를 갖는지, 어떻게 실행할 것인지를 구체적으로 적는 습관이 필요합니다. 기록은 기억보다 강력합니다. 강의 시간에 수강생들에게 수시로 메모하라는 말을 수십 번 강조합니다. 문제 해결을 위한 아이디어는 메모 속에서 살아남고, 그 메모는 곧 실행의 로드맵이 되기 때문이죠. 실행한 아이디어가 성과로 이어진다면, 다시 그것을 기록해 두는 작업도 중요합니다. 이렇게 쌓인 기록은 향후 비슷한 문제를 만났을 때 다시 활용할 수 있는 문제 해결 데이터베이스가 됩니다.

책을 읽고 나서 바로 활용하지 않으면 읽은 내용은 빠르게 잊힙니다. 실행을 전제로 책을 읽고, 책에서 얻은 아이디어를 내 문제에 연결시키고, 작게라도 실행해 보는 일련의 과정이 문제 해결 능력을 극대화합니다. 이 과정을 반복하면 점점 더 빠르게, 더 정확하게, 더 창의적으로 문제를 해결할 수 있게 됩니다. 단순히 많이 읽는 사람이 아니라, 아이디어를 현실에 연결시키는 사람이 탁월해집니다.

지금까지 책에서 얻은 지식을 실제 문제 해결에 연결해 본 적 없다면, 이 책이 시작점이 되면 좋겠습니다. 사소한 문제라도 좋습니다. 책 속 한 문장이라도 좋습니다. 작은 아이디어를 실험하고 실행해 보는 거지요. 이러한 작업이 쌓이면 문제 해결력이 생기고, 자기 효능감이 커지며, 삶의 흐름도 달라지기 시작합니다. 문제는 늘 생깁니다. 아마 죽을 때까지 생길 겁니다. 중요한 점은 문제보다 한 발 앞서 있는 사고하는 태도입니다. 이러한 태도를 가능하게 해 주는 것이 책이고, 책 속 아이디어를 실전 무기로 만드는 훈련이 바로 요약입니다.

책은 답을 주지 않습니다. 단서만 줍니다. 그 단서를 활용해 나만의 해답을 만들어가는 사람이야말로 진짜 문제 해결사입니다. 책을 통해 배우는 가장 중요한 능력은 사고력도 지식도 아닌 실행력입니다. 실행하지 않는 지식은 의미 없습니다. 실행하는 아이디어는 문제를 해결하고, 사람을 바꾸고, 세상을 변화시킵니다. 이제는 책을 읽는 것보다 책에서 아이디어를 뽑아내고 그것으로 문제를 해결하는 사람이 되어야 합니다. 이 모든 과정을 자기 계발이라 부르지요.

6. 요약으로 토론에서 이기는
논리 만들기

 토론에서 이기고 싶다면 가장 먼저 해야 할 일은 '요약'입니다. 요약은 단순한 정리가 아니라 핵심을 정확히 꿰뚫고 나의 주장을 명확히 드러내는 힘입니다. 토론의 본질은 상대방을 논리로 설득하는 과정입니다. 아무리 좋은 생각과 풍부한 지식을 가지고 있어도 그것을 짧고 명확하게 전달하지 못하면 설득은 실패합니다. 요약은 복잡한 내용을 단순화하고, 핵심 논지를 드러내며, 설득력을 강화하는 가장 효율적인 전략입니다.
 토론은 말싸움이 아닙니다. 구조와 논리의 싸움입니다. 구조화되지 않은 말은 단지 허공에 떠도는 정보일 뿐입니다. 핵심이 잘 정리된 요약은 구조를 갖춘 말이며 토론에서 결정적인 무기가 됩니다. 요약은 주장을 체계적으로 만들고, 근거를 정리하게 하며, 반론을 예상하게 도와줍니다. 요약은 말의 뼈대를 세우는 작업이며 탄탄한 뼈대 위에 논리라는 살을 붙이는 과정이 토론입니다.

요약을 통해 논리를 구성하려면 먼저 전체 내용을 빠르게 파악하는 능력이 필요합니다. 어떤 주제든 본질을 먼저 파악해야 합니다. 핵심은 무엇인지, 쟁점은 어디인지, 상대방이 주장하는 논점은 어떤 방향으로 흐르는지를 먼저 구조적으로 정리하는 것이죠. 이 부분에서 중요한 작업이 '정보의 분류'입니다. 정보는 팩트, 해석, 주장, 감정 등으로 나뉘는데, 토론에서는 이 네 가지를 구분할 수 있어야 논리적 대응이 가능합니다. 요약이란 결국 이 정보들을 필터링하고 본질적인 흐름만 남기는 작업이라 할 수 있습니다.

토론에서는 말이 길어질수록 설득력이 떨어집니다. 핵심을 간결하게 말하는 사람이 이깁니다. TV에서 정치인들 토론하는 거 종종 봐서 잘 알 거라 믿습니다. 요약은 말의 밀도를 높이는 기술입니다. 토론은 시간과의 싸움입니다. 짧은 시간 안에 상대방을 설득해야 하기 때문에 핵심 메시지를 빠르게 전달할 수 있어야 합니다. 요약된 문장은 강력한 임팩트를 만들어 냅니다. "제 말은 이겁니다." "핵심은 딱 세 가지입니다." 이런 식으로 말하는 사람이 신뢰를 얻습니다. 요약 잘하는 사람은 생각이 정리되어 있고, 자신감이 있으며, 청중의 시간을 존중하는 사람이라는 인상을 줍니다.

요약은 논리 구조를 명확히 만들어 줍니다. 토론에서 강력한 논리를 만들기 위해서는 주장을 분명히 하고, 그에 대한 근거를 제시하며, 반론을 미리 예측하고 대응하는 구조가 필요합니다. 이를 '논증의 3단계'라고 부릅니다. 첫 번째, 주장은 무엇인가? 두 번째, 그 주장을 뒷받침하는 근거는 무엇인가? 세 번째, 예상 반론은 무엇이며, 어떻게 대응할 것인가? 요약은 이 세 가지를 하나의 도식으로 정리하는 역할을 합니다. 요약을 통해 논리의 흐름이 단순화되고, 전달력이 강화되는 거지요.

요약은 토론에서 주도권을 쥐는 데에도 효과적입니다. 토론이 길어지면 쟁점이 흐려지고 논의가 산으로 가기 쉽습니다. 이때 "지금까지 논의된 핵심을 정리해 보면 이렇습니다."라고 요약해 주는 사람이 흐름을 통제하게 됩니다. 논의의 핵심을 정리하는 행위는 상대에게 주도권을 뺏기지 않게 해 줍니다. 이는 단순한 정리의 차원을 넘어 논의의 방향을 설정하고 흐름을 이끄는 능력으로 이어집니다. 요약은 곧 리더십입니다.

요약은 감정을 배제하고 논리만 남깁니다. 토론은 종종 감정싸움으로 번질 수 있는데요. 요약은 감정을 걸러 내고 핵심 논점만 남기기 때문에 감정적인 대립을 피할 수 있습니다. 상대의 말에서 불필요한 감정적 표현을 제거하고 핵심 주장만 요약해서 되짚으면 논의의 수위가 조절되고, 상대방도 감정이 아닌 논리로 대응하게 됩니다. 토론은 감정을 통제하고 논리에 집중할수록 설득의 가능성도 높아집니다. 요약은 감정을 정리하는 도구이기도 합니다.

요약 능력을 높이기 위해서는 평소 훈련이 필요합니다. 신문 기사나 칼럼을 읽고 한 문장으로 요약해 보는 연습, 책 읽고 핵심 내용 세 줄로 정리해 보는 훈련, 강의 듣고 논점 중심으로 요약해 보는 연습. 이런 습관이 쌓이면 자연스럽게 요약력과 논리력이 동시에 향상됩니다. 요약은 기술입니다. 반복할수록 정확도와 속도가 향상됩니다. 말의 분량을 줄이되 의미는 더 풍성하게 만드는 훈련이 바로 요약 훈련입니다.

토론 준비할 때는 '논점 카드'를 만들면 좋습니다. 자신의 주장, 근거, 반론, 대응을 각각 요약해서 카드 형태로 정리해 두면, 실제 토론 상황에서 말이 길어지지 않고 요점 중심으로 말할 수 있습니다. 이 카드는 나중에 다른 토론 주제에도 유용하게 활용할 수 있는 자산이 됩니다. 요약은 자료를 구조화하는 작업이며 논리의 지도를 만드는 일입니다. 말은 뱉으면 사라지지만 요약은 남아 지식으로 축적됩니다.

토론의 본질은 누가 더 많은 말을 했는가가 아니라 누가 더 명확한 주장을 했는가입니다. 명확한 주장은 요약된 사고에서 나옵니다. 불필요한 정보, 감정적인 표현, 반복된 설명은 설득을 방해할 뿐이죠. 요약은 복잡한 생각을 한 문장으로 바꾸는 힘입니다. 이 한 문장이 상대방의 생각을 바꾸고, 청중을 움직이며, 논의의 흐름을 지배하게 만듭니다. 요약은 단지 말의 기술이 아니라, 사고의 기술이며 설득의 기술입니다.

토론에서 이기고 싶다면 요약하는 능력을 먼저 갖추어야 합니다. 요약은 생각을 정리하고, 논리를 구조화하며, 말의 밀도를 높여 주는 핵심 기술입니다. 요약 잘하는 사람은 상대를 앞서가고, 흐름을 통제하며, 신뢰를 얻습니다. 요약이 곧 논리입니다. 요약이 곧 설득입니다. 요약이 곧 리더십입니다. 요약하는 습관을 꼭 들여야 합니다. 토론뿐만 아니라, 회의, 발표, 일상 대화에서도 강력한 무기가 되어 줄 겁니다. 요약은 단순한 기술이 아니라 필수적인 경쟁력입니다.

7. 지식의 연결 고리를 만드는 요약의 마법

지식은 단편적으로 존재할 때는 아무런 힘이 없습니다. 진정한 힘은 지식을 연결할 때 생깁니다. 이때 중요한 역할을 하는 것이 바로 '요약'입니다. 요약은 단순히 내용을 줄이는 작업이 아니라 흩어진 정보를 통합하고 지식 사이에 연결 고리를 만들어 주는 지적 기술입니다. 요약은 지식을 구조화하고 의미를 조직하며 새로운 통찰을 만들어 내는 도구입니다.

사람들은 흔히 지식을 많이 쌓으면 지혜로 이어진다고 생각하는데요. 아무리 많은 정보를 알고 있어도 그것들이 서로 연결되지 않으면 아무 의미 없습니다. 책을 백 권 읽었다고 해도 각각의 책에서 얻은 내용이 따로따로 존재한다면 지적 자산이라고 부르기 어렵지 않겠습니까. 요약은 단편적인 지식을 연결하는 사슬과도 같습니다. 하나의 지식이 다른 지식과 연결되면서 시너지를 내고 새로운 아이디어로 발전하게 되는 것이죠.

요약을 통해 우리는 지식 간의 관계를 파악하게 됩니다. 어떤 개념이 다른 개념과 어떻게 연결되어 있는지를 보기 위해서는 단순히 내용을 줄이기만 할 게 아니라 핵심 개념을 추출하고, 그것이 다른 내용과 어떤 공통점을 가지는지 비교해야 합니다. 이 과정을 통해 지식은 단순한 정보의 나열이 아니라 하나의 체계가 됩니다. 체계화된 지식은 기억에도 오래 남고 실제 문제 해결에도 적용할 수 있습니다.

요약은 지식 간의 다리를 만들어 줍니다. 요약된 내용을 다시 살펴보면, 각 정보 간의 공통점과 차이점을 비교하기 쉬워지고, 그 안에서 숨겨진 맥락을 발견할 수 있습니다. 이는 마치 점들을 연결해 하나의 그림을 만들어 내는 것과 같지요. 요약이 없으면 점들은 흩어진 채 남아 있을 겁니다. 요약을 통해 점들 사이에 선을 긋고 하나의 도형을 그리게 됩니다.

지식의 연결 고리를 만드는 데 있어 가장 중요한 태도는 '개념 중심 사고'입니다. 요약은 문장 중심이 아니라 개념 중심으로 이루어져야 합니다. 어떤 사건이나 사례가 중요하더라도, 그것을 뒷받침하는 개념이 무엇인지 파악하는 것이 먼저입니다. 예를 들어, '소통의 중요성'에 대한 여러 사례를 접하더라도, 이를 요약하는 과정에서 '신뢰',

'경청', '투명성'이라는 개념으로 정리하면 다른 지식과의 연결이 쉬워집니다.

요약은 메타 인지 능력도 키워 줍니다. 자신이 알고 있는 것과 모르는 것을 구별하고 핵심이 무엇인지 판단하는 능력은 단순한 정보 수집으로는 키울 수 없습니다. 요약을 반복하는 과정에서 스스로에게 질문을 던지게 되는데요. "이 문장의 핵심은 무엇인가?", "이 개념은 다른 지식과 어떻게 연결되는가?", "이 내용은 어떤 의미를 갖는가?" 이러한 질문에 답하면서 사고의 깊이가 달라지고, 지식의 맥락이 확장되는 겁니다.

지금처럼 정보가 넘쳐 나는 시대에는 요약 능력이 지식 관리의 핵심이 됩니다. 많은 정보를 아무 기준 없이 받아들이면 사고가 혼란스러워지고 중요한 정보를 놓치게 될 가능성이 크지요. 요약은 정보를 필터링하는 작업이며 자신에게 필요한 지식을 선별하는 도구입니다. 정보를 덜어 내는 것이 곧 집중력 향상과 의미 있는 연결을 가능하게 합니다.

요약의 또 다른 힘은 '다른 분야와의 연결'을 가능하게 한다는 점인데요. 한 분야 핵심 내용을 요약할 수 있으면 그것을 다른 분야 지식과 접목할 수 있습니다. 심리학 개념을 경영학 이론과 연결하거나, 문학에서 배운 통찰을 인간관계에 적용하는 방식 등이 가능하다는 뜻입니다. 이처럼 요약은 융합적 사고의 출발점이며 창의성의 기반이 됩니다.

요약을 잘하는 사람은 자료를 다르게 봅니다. 단순히 정보를 받아들이는 데 그치지 않고 그 정보를 재구성하며 자신의 관점으로 해석합니다. 이는 학습을 넘어 지식을 자신의 것으로 만드는 과정입니다. 요약을 반복하다 보면 어떤 정보든 머릿속에서 자동으로 구조화되기 시작합니다. 중요한 내용, 부차적인 내용, 반복되는 패턴, 새로운 통찰이 구분되고, 지식 간의 네트워크가 형성되는 것이죠.

지식은 연결될 때 힘을 갖습니다. 단편적으로 존재하는 정보는 금세 잊히지만, 서로 연결된 지식은 응용력과 기억력을 동시에 높여 줍니다. 요약은 연결을 위한 기반 작업입니다. 요약하지 않으면 연결도 불가능합니다. 하나의 책을 읽고 나서 요약하면, 다른 책 읽을 때 기존에 요약된 개념과 자연스럽게 연결되면서 이해의 폭이 넓어집니다. 이렇게 연결된 지식은 서로를 강화하고 하나의 체계로 작동합니다.

요약은 결국 지식의 지도를 그리는 일입니다. 단순히 내용을 줄이는 게 아니라 정보의 위치를 정리하고 그 사이 길을 찾는 작업입니다. 지도 없이 길을 가는 것은 위험하지요. 지식의 지도 없이 정보를 탐색하는 과정도 마찬가지입니다. 요약은 우리가 어디에 있고 어디로 가야 하는지를 알려 주는 나침반입니다.

요약은 정리의 기술이자 발견의 기술입니다. 새로운 의미를 찾아내는 과정이지요. 책의 문장 하나를 요약하다 보면 이전에는 보지 못했던 메시지를 발견하게 됩니다. 요약은 생각을 반복하게 하고 그 과정에서 사고의 깊이가 더해집니다. 그렇게 정리된 지식은 시간이 지나도 휘발되지 않고 더욱 강력해집니다.

요약은 지식의 연결을 가능하게 하는 마법 같은 기술입니다. 단편적인 정보를 체계적인 지식으로 바꾸고, 서로 다른 개념을 연결하며, 새로운 인사이트를 만들어 냅니다. 요약 잘하면 배운 내용을 오래 기억할 수 있고, 새로운 아이디어 만들 수 있으며, 무엇보다 지식을 응용하는 힘이 생깁니다. 단순하게 보이지만 가장 강력한 사고 도구가 바로 요약인 거죠. 요약하는 습관이 필요합니다.

8. 당신의 인생을 바꿀
마지막 요약 과제

인생을 바꾸고 싶다고 말하는 사람이 많습니다. 막상 어떻게 바꿔야 할지, 어디서부터 시작해야 할지 모르겠다는 사람도 적지 않지요. 해답을 요약에서 찾을 수 있습니다. 요약은 단순한 정리 기술이 아니라 삶을 바꾸는 결정적인 전환점이 됩니다. 저는 이 요약이라는 도구를 통해 방향을 잡았고, 선택의 기준을 세웠으며, 목표에 집중할 수 있었습니다. 그리고 이제, 이 책을 읽는 독자 여러분에게 인생을 바꾸기 위한 마지막 요약 과제를 제안하려 합니다.

제가 강조하는 요약은 단순히 책 내용을 줄이거나 요점만 메모하는 정도가 아닙니다. 요약은 삶 전체를 정리하는 작업입니다. 하루 경험을 요약하고, 만남의 의미를 요약하고, 자신이 왜 이 일을 하는지, 앞으로 어디로 가야 할지를 요약하는 것이죠. 이러한 요약이 자기만의 기준이 되고 삶의 나침반이 되는 겁니다.

정보가 넘쳐 나는 시대일수록 요약의 힘은 더욱 강력해집니다. 수많은 책, 영상, 강의가 쏟아지고 있지만 아무리 많이 접해도 본질을 요약하지 못하면 변화는 일어나지 않습니다. 저는 읽은 책의 내용을 무조건 요약했습니다. 한 장을 읽더라도 핵심은 무엇이고 나에게 어떤 의미가 있는지 정리했지요. 생각은 정리됐고 행동은 단순해졌습니다. 복잡했던 사고는 선명하고 단순하게 바뀌었고, 선택은 빠르고 명확해졌습니다.

가장 강력한 요약은 자기 자신에 관한 요약입니다. 나는 누구인가, 무엇을 좋아하고 무엇을 싫어하는가, 어떤 일을 할 때 몰입하고, 무엇에 화가 나는가. 이런 질문에 명확히 답할 수 있다면 인생을 스스로 이끌 수 있습니다. 매일 자신에게 물어야 합니다. "지금 나는 왜 이 일을 하고 있는가?", "오늘 하루 중 가장 중요한 순간은 언제였나?", "중요한 경험을 한 줄로 요약하면 어떻게 표현할 수 있는가?" 질문에 답하는 순간마다 삶이 명확해지고, 그 명확함이 방향성을 만들어 주는 거지요.

요약은 지식 정리에 그치는 게 아니라 감정 정리이기도 합니다. 힘든 일이 있었던 날, 하루를 요약해 봤습니다. "오늘은 피로와 무력감이 나를 지배했다. 그러나 포기하지 않았다." 이렇게 한 줄로 정리하자 감정이 통제됐습니다. 감정이 통제되자 다음 날 선택도 달라졌습니다. 매일 반복하니 어느 순간부터 감정에 휘둘리지 않게 되었고, 감정 다스리는 법도 배우게 되었지요.

요약은 목표 달성을 위해 필수적인 기술입니다. 목표를 이루지 못하는 사람들의 공통점은 방향이 분명하지 않다는 점입니다. 하고 싶은 일 많고 배우고 싶은 것 많지만 결국 어느 하나도 끝내지 못합니다. 저 역시 그랬습니다. 그러나 요약을 통해 "지금 내가 이룰 수 있는 가장 중요한 목표는 무엇인가?"라는 질문에 집중하기 시작했지요. 많은 목표 중 가장 강력한 한 줄을 뽑아내는 것이 요약이었고, 그 하나에만 에너지를 집중하자 성과가 나기 시작했습니다. 이것이 요약의 힘입니다.

자신의 삶을 요약할 수 있어야 합니다. 지난 1년을 한 줄로 요약한다면 어떻게 말할 수 있습니까? 지금 하고 있는 일은 한 문장으로 설명할 수 있습니까? 앞으로의 계획을 한 문장으로 정리할 수 있습니까? 만약 이 질문에 답하지 못한다면, 지금이 바로 그 요약 과제를 해야 할 시간입니다. 요약은 그 자체로 실행력을 높여 줍니다. 길게 말하지 않고도 핵심을 전달할 수 있고, 핵심만 남기면 행동은 더 쉬워집니다.

요약은 결국 선택과 집중의 도구입니다. 수많은 가능성 속에서 무엇을 선택하고 무엇을 버릴 것인지를 정하는 기준이 됩니다. 저도 과거에는 여러 일에 손을 대고, 다양한 아이디어에 휘둘리며 방황했습니다. 하지만 하루를 요약하고, 한 주를 요약하고, 인생의 방향을 요약하면서 비로소 하나의 길에 집중할 수 있었습니다. 그 순간부터 성과가 생겼고, 성과는 다시 동기를 만들어 주었습니다.

지금까지 요약을 해 왔지만, 저는 일 년에 한 번 아주 특별한 요약 과제를 수행하고 있습니다. 그것은 바로 "내 인생 전체를 한 문장으로 정리하는 작업"입니다. 처음엔 어렵고 힘들게만 느껴졌습니다. 그러나 여러 시도 끝에 저는 이런 문장을 만들게 되었지요. "나는 글과 말로 사람들의 인생을 돕는 사람이다." 이 문장 하나로 모든 혼란이 사라졌습니다. 어떤 일을 해야 할지, 어떤 제안을 거절해야 할지, 어떤 방향으로 살아야 할지가 분명해졌습니다. 그것은 단순한 요약이 아니라, '나'라는 존재의 정리였습니다.

지금 이 책을 읽는 독자 여러분에게 필요한 것도 바로 이 '마지막 요약 과제'입니다. 더 이상 정보만 모으지 말았으면 좋겠습니다. 더 이상 새로운 목표만 세우지 말았으면 합니다. 지금까지의 삶을 요약해야 합니다. 어떤 사람입니까? 어떤 일을 통해 성장했습니까? 어떤 실패를 반복하고 있습니까? 앞으로 무엇을 하며 어떻게 살아갈 겁니까? 이 모든 질문에 답할 수 있는 단 하나의 문장을 만드는 거지요. 그것이 바로 인생을 바꾸는 요약입니다.

저는 요약이 사람을, 그리고 인생을 바꾼다고 확신합니다. 수많은 성공 사례도, 위대한 리더의 연설도, 결국은 강력한 요약에서 나왔습니다. 단 한 줄의 문장이 사람을 흔들고, 움직이고, 새로운 인생으로 이끌었습니다. 지금까지의 삶을 요약하지 못한다면 앞으로의 삶도 방향을 잃고 흔들릴 수밖에 없습니다. 요약을 통해 삶을 정리할 수 있다면, 그 순간부터는 모든 것이 달라집니다.

이 글을 읽는 지금, 여러분의 머릿속에 단 하나의 문장을 만들어 보세요. 그것은 여러분만의 인생 사명서이자 최종 요약입니다. 단 하나의 문장을 만들기까지 시간이 걸릴 수도 있습니다. 괜찮습니다. 중요한 것은 시작이니까요. 매일 한 줄씩, 매주 한 문장씩, 그렇게 요약 근육을 키우면 됩니다. 하나의 문장이 완성되면 비로소 인생도 새롭게 설계될 겁니다.

6부

실전 독서법
― 요약 독서법의 확장과 응용

1. 요약 독서법의
발전과 확장

책을 읽는다는 것은 단지 정보나 지식을 얻는 행위만은 아닙니다. 책을 읽는 동안, 우리는 수많은 정보와 메시지 중에서 무엇을 남기고 무엇을 버릴지 끊임없이 선택하게 됩니다. 요약 독서법은 이 선택의 기준을 명확하게 제시해 줍니다. 핵심만 남기고 나머지는 과감히 걸어 내는 일. 그것이 요약 독서의 본질입니다.

요약 독서법의 핵심은 단순합니다. 책 한 권을 읽으며 가장 중요한 핵심 문장 하나를 찾고, 그것을 바탕으로 전체 내용을 요약하는 방식입니다. 핵심 문장을 중심으로 구조를 정리하고, 저자의 주장을 간결하게 압축하는 훈련입니다. 이것만 제대로 해도 대부분의 책은 충분히 이해할 수 있습니다. 중요한 것은 '얼마나 많이 읽었느냐'가 아니라 '얼마나 제대로 남겼느냐'입니다.

많은 초보 독자가 책을 다 읽고도 남는 것이 없다고 말합니다. 읽을 때는 분명 감탄하고 이해했다고 느꼈지만, 시간이 지나면 아무것도 기억나지 않는 경험. 그런 현상을 해결하는 방법이 요약 독서입니다. 기억에 남기려면 줄여야 하고, 줄이려면 핵심을 알아야 합니다. 요약은 단순한 줄임이 아닙니다. 요약은 기억이고, 정리이며, 본질을 잡는 기술입니다.

요약 독서의 확장은 여기에서 출발합니다. 핵심을 뽑아내는 데서 멈추는 것이 아니라, 그것을 어떻게 응용하고 확장할 것인가에 대한 고민으로 이어집니다. 요약은 수단입니다. 목적은 책의 내용을 자기 삶에 연결하고 실천하고 타인과 나누는 데 있습니다. 요약이 잘되면, 실천도 나눔도 수월해집니다. 생각이 정리되니까 행동으로 옮기기도 수월해진다는 뜻입니다.

요약 독서를 확장한다는 것은 첫 번째로 요약의 대상을 넓히는 일입니다. 단순히 자기 계발서에만 국한하지 않고, 철학서, 사회 과학서, 인문 고전, 심지어 소설에까지 요약 독서를 적용할 수 있습니다. 어떤 책이든 핵심이 있습니다. 문학 작품에서는 주제와 상징, 인물의 내면이 핵심이 될 수 있습니다. 철학서에서는 개념과 논리가 핵심이 됩니다. 각 책의 장르에 맞는 요약 방식이 다를 뿐, 본질은 같습니다.

핵심을 뽑고 구조화하는 것. 모든 독서는 결국 요약으로 수렴할 수 있습니다.

두 번째는 요약의 목적을 확장하는 일입니다. 단순히 기억을 위한 요약이 아니라, 문제 해결을 위한 요약, 창의적 사고를 위한 요약, 커뮤니케이션을 위한 요약으로 발전시킬 수 있습니다. 팀 회의에서 프로젝트 안건에 대해 발표할 때, 요약은 설득의 도구가 됩니다. 글을 쓸 때 요약은 논리의 기초가 됩니다. 누군가에게 책이나 영화를 추천할 때 요약은 전달력의 핵심이 됩니다. 요약은 곧 표현의 힘이라 할 수 있습니다.

세 번째는 요약의 형식을 확장하는 일입니다. 반드시 글로만 요약할 필요는 없습니다. 마인드맵으로 정리할 수도 있고, 표나 도식으로 시각화할 수도 있습니다. 누군가에게 말로 설명하는 것도 요약의 한 방식입니다. 자기만의 방식으로, 자기만의 도구로 핵심을 붙잡는 것. 그것이 진짜 요약입니다. 글이든 말이든 도식이든, 형태는 달라도 방향은 같습니다. 본질을 남기고, 나머지를 걷어 내는 것이죠.

요약 독서를 꾸준히 하다 보면 사고방식이 바뀝니다. 어떤 정보를 마주해도 먼저 '핵심이 무엇인가'를 찾는 습관이 생깁니다. 말할 때도 군더더기가 줄고, 쓰는 글도 정리됩니다. 요약 독서는 단지 책 읽는 방법이 아니라, 사고 정리 훈련이자 표현 훈련입니다. 책 읽는 일이 결국 생각하는 법을 배우는 일이기 때문입니다.

요약 독서의 확장은 결국 독서라는 행위 자체의 확장을 의미합니다. 책을 읽고 끝나는 게 아니라 책을 삶에 연결하고, 기억하고, 실천하는 데까지 이르는 전체 과정입니다. 이 과정에서 가장 중요한 건 '선택'입니다. 무엇을 남기고 무엇을 버릴 것인가. 어떤 문장을 붙잡고 어떤 개념을 적용할 것인가. 요약 독서는 선택의 기술을 가르쳐 줍니다. 선택은 곧 삶의 방향이 됩니다.

책 한 권을 온전히 요약할 수 있다면, 그것은 그 책을 자기 것으로 만들었다는 뜻입니다. 반복해서 읽지 않아도, 줄글을 통째로 외우지 않아도, 하나의 핵심 문장이 머릿속에 남아 있다면, 책 내용은 살아 있는 지식이 됩니다. 요약은 이해의 증거이고, 기억의 흔적이며, 실천의 출발점입니다.

요약 독서를 확장한다는 것은 결국 독서를 내 삶으로 가져오는 일입니다. 책 속에 머무르지 않고 책 밖으로 나오는 일입니다. 책을 도구 삼아 나를 바꾸는 일입니다. 요약 독서는 기술이 아니라 태도이고 철학입니다. 핵심 붙잡는 사람은 복잡한 세상 속에서도 흔들리지 않습니다. 요약을 잘하는 사람은 삶의 방향도 분명하게 세울 수 있습니다.

2. 핵심을 넘어서
― 요약을 통한 문제 해결

인생은 문제의 연속이라 할 수 있습니다. 하나의 골칫거리를 간신히 해결하고 나면, 또 다른 문제가 불쑥 찾아옵니다. 이러한 이유로, 사람들은 스트레스에 시달리기도 하고 번아웃을 겪기도 합니다. 좀 더 슬기롭고 현명하게 문제를 해결할 방법은 없을까요? 요약 독서법에 관한 내용으로 책을 쓰고 있지만, 사실 요약하는 힘은 독서뿐 아니라 다른 곳에도 얼마든지 활용 가능합니다. 특히, 일상에서 겪는 문제들을 간단명료하게 정리하고 원인을 파악한 뒤 해결책을 찾는 일련의 과정에서 요약은 큰 역할을 합니다.

요약이 문제 해결로 이어지는 첫 번째 이유는 '정확한 인식'에 있습니다. 문제는 대개 모호함 속에 숨어 있지요. 불편하다고 느끼면서도 정확히 무엇이 문제인지 알지 못할 때가 많습니다. 요약은 문제를 간결하게 정리하면서 모호함을 걷어 냅니다. 긴 문장 속에 숨겨진 주장을 짧은 문장으로 바꾸는 과정에서, 혼란스러웠던 생각이 명료해집니다. 책 속 문장을 요약하면서 나의 문제를 비추는 거울을 얻게 됩니다. 글은 타인의 것이지만, 요약은 나의 것이 됩니다.

두 번째는 '거리를 확보하는 힘'입니다. 문제를 해결하지 못하는 이유 중 하나는 지나치게 가까이 있기 때문입니다. 문제 속에 아예 푹 빠져 있을 때가 많지요. 감정이 엉켜 있거나 상황에 몰입되어 있으면 판단은 흐려집니다. 요약은 글과 생각 사이 거리를 만들어 줍니다. 감정을 걷어 내고 구조를 남기는 일. 이야기 흐름에서 잠시 빠져나와 논리만을 들여다보는 일. 그 과정에서 감정이 아닌 판단이 들어설 수 있게 되는 거지요. 문제에 감정적으로 휘말릴 때보다, 한 걸음 떨어져 큰 그림을 보는 것이 훨씬 나은 해법을 만들어 냅니다.

세 번째는 '우선순위 설정'입니다. 문제의 본질은 많아서 힘든 게 아니라, 무엇이 먼저인지 모르는 데 있습니다. 요약은 정보의 가중치를 조정합니다. 이 책에서 가장 중요한 문장은 무엇인가. 저자는 무엇을 말하고 싶은가. 그렇게 요약하며 중요한 것과 덜 중요한 것을 가려내는 훈련은 삶의 선택에도 이어집니다. 무엇부터 해결해야 할지, 어떤 부분을 먼저 정리해야 할지, 요약 훈련을 반복한 사람은 자연스럽게 우선순위를 세울 수 있게 됩니다.

네 번째는 '행동 계획으로의 전환'입니다. 요약은 단지 내용을 줄이기만 하는 게 아니라, 그 내용을 바탕으로 무엇을 할지를 묻는 작업입니다. 요약을 제대로 했다는 말은, 그 책의 핵심 명제를 붙잡았다는 뜻입니다. 핵심이 분명해지면 그에 맞는 행동도 명확해집니다. 좋은 요약은 좋은 질문으로 이어지고, 좋은 질문은 구체적인 실천으로 이어집니다. 막연한 감상 대신 구체적인 변화로 이어지는 힘. 그것이 요약이 문제 해결에 유용한 이유입니다.

요약은 상황을 요약하고 문제를 요약하는 데까지 확장될 수 있습니다. 지금 겪고 있는 일이 복잡하게 얽혀 있다 느낀다면, 그 상황을 책 한 권 요약하듯 정리해 보는 것이 도움 됩니다. 전체 맥락을 파악하고, 핵심 문장을 찾고, 거기서 다시 요점을 뽑아내는 훈련. 그렇게 할수록 문제는 작아지고, 해법은 구체화 되는 거지요.

요약은 '사고의 정제'입니다. 불필요한 감정, 과도한 정보, 애매한 표현을 걷어 내고, 오직 중요한 요소만 남기는 일. 생각을 정제하면 도구가 됩니다. 날카로운 도구는 문제를 자르고 새로운 길을 엽니다.

정제된 사고는 복잡한 문제를 단순하게 만들고, 단순한 문제를 빠르게 해결하도록 만듭니다. 요약이 그 시작이지요.

　책을 읽는다는 것은 타인의 생각을 받아들이는 일입니다. 요약은 타인의 생각을 내 것으로 만드는 행위입니다. 요약을 통해 생각을 정리하고, 판단의 기준을 만들고, 실천의 동력을 얻을 수 있습니다. 요약은 정리만 하는 도구가 아니라, 삶을 변화시키는 도구입니다. 무엇을 해야 할지 모르겠다 싶을 때, 요약이 방향을 제시합니다. 어떤 문제든, 핵심을 찾아 정리하고 그것을 나의 언어로 바꾸는 순간 해결의 실마리가 풀리기 시작합니다.

3. 다양한 장르에서
요약 독서법 활용하기

독서에 대한 고민은 현대인에게 보편적입니다. '시간 부족', '내용 망각', '책 선택의 어려움' 등은 독서의 효율성을 저해하는 주요 요인입니다. 이러한 문제에 대한 해결책으로 요약 독서법이 역할을 할 수 있습니다. 요약 독서법은 단순히 책의 내용을 압축하는 것을 넘어, 핵심 메시지를 추출하고, 주관적으로 재구성하며, 지식을 내재화하는 과정을 포함합니다. 이 방법은 방대한 지식을 효율적으로 습득하고 통찰력을 길러 내는 데 효과적입니다. 다양한 장르에서 활용할 수 있지요.

자기 계발서는 독자의 변화와 성장을 목적으로 합니다. 따라서 책 전체의 내용을 꼼꼼히 읽기보다는, 작가가 전달하려는 핵심 원칙, 구체적인 방법론, 그리고 이를 뒷받침하는 사례를 파악하는 것이 중요합니다. 자기 계발서 읽을 때는 목차를 통해 전체 흐름을 파악하고, 각 장의 서론과 결론, 강조된 문장 등에 주목하는 것이 효과적입니다. 인상 깊은 문장이나 핵심 개념을 기록하고, 실제 삶에 적용할 방안을 모색하며 요약하는 과정을 통해 책의 메시지가 행동 변화로 이어질 수 있습니다.

에세이는 작가의 경험과 사유가 담긴 장르로, 감성적 공감과 성찰을 유도합니다. 에세이 요약할 때는 작가가 어떤 사건을 통해 어떤 감정을 느꼈고, 그 감정이 어떤 깨달음으로 이어졌는지에 집중합니다. 독자는 에세이를 읽으며 자신의 마음을 움직이는 부분들을 필사하거나 개인적인 감상을 덧붙여 기록할 수 있습니다. 이는 단순히 줄거리를 요약하는 것을 넘어, 작가의 통찰과 독자의 성찰이 교차하는 지점을 발견하여 내면화하는 과정입니다.

인문학 도서는 깊이 있는 사유와 복잡한 개념을 다룹니다. 철학, 역사, 사회학 등 인문학 도서를 요약할 때는 주요 개념의 정의와 그것들의 논리적 연결성에 초점을 맞춥니다. 어려운 용어가 등장할 경우 관련 정보를 찾아보며 이해를 돕고, 저자의 핵심 주장과 그 근거를 구조적으로 정리하는 것이 중요합니다. 또한, 저자의 관점을 파악하고 그것이 현대 사회 또는 독자 개인의 삶에 어떤 의미를 가지는지 질문하며 요약하는 방식은 난해한 인문학적 지식을 체계적으로 습득하고 사유의 깊이를 확장하는 데 기여합니다.

　실용 서적(비즈니스, 투자 등)은 문제 해결을 위한 구체적인 정보나 노하우를 제공합니다. 이러한 책을 요약할 때는 독자가 해결하고자 하는 문제를 명확히 정의하고, 책에서 제시하는 솔루션을 단계별로 정리하는 데 집중합니다. 중요한 데이터나 통계를 메모하고, 즉시 적용 가능한 실천 계획(액션 플랜)을 도출하는 것이 핵심입니다. 이 방법을 통해 독자는 필요한 실용 지식을 빠르게 습득하고 실제 업무나 삶에 적용하여 성과를 창출할 수 있습니다.

　요약 독서법은 장르에 관계없이 그 효용성을 발휘합니다. 핵심은 책을 읽는 목적을 명확히 설정하고, 그 목적에 부합하는 핵심 내용을 찾아내어 자신의 지식으로 체득화하는 연습을 하는 것이죠. 초기에는 시간이 꽤 소요될 수 있지만, 꾸준한 연습을 통해 정보 처리 속도와 통찰력이 향상될 수 있습니다.

　요약 독서법은 개인의 독서 효율성을 넘어, 현대 사회에서 필수적인 역량으로 작용합니다. 정보 과잉 시대에 필요한 지식을 신속하게 습득하고, 이를 삶에 적용하여 구체적인 결과를 만들어 내는 데 효과적인 방법론입니다. 독자가 어떤 분야에 관심을 가지든, 어떤 목표를 가지고 있든, 요약 독서법은 목표 달성에 강력한 도구가 될 수 있습니다. 책 한 권을 완전히 독파하는 것보다, 핵심을 파악하고 자신에게 필요한 부분을 내재화하는 데 중점을 두는 것이 중요합니다. 요약 독서법을 통해 독자들은 방대한 지식의 세계를 효과적으로 탐색하고, 삶의 긍정적인 변화를 이끌어 낼 수 있습니다. 쉽게 생각하면, 300페이지짜리 책 한 권을 통째로 흡수하려고 애쓰는 것보다, 그중에서 가장 핵심적인 내용 몇 줄만 간추려 내 것으로 만드는 것이 훨씬 효율적이라는 말입니다. 여기까지 읽은 독자라면, 이제 책 읽을 때마다 '핵심이 무엇인가'를 떠올리게 될 겁니다. 이전과는 다른 차원의 독서를 하게 될 거란 뜻입니다.

4. 요약을 통한 창의력 개발

창의력은 타고나는 것이라고 생각하는 사람이 많습니다. 특별한 사람들의 전유물처럼 여기기도 하지요. 저는 다르게 생각합니다. 창의력은 훈련을 통해 충분히 개발될 수 있는 능력입니다. 그 핵심적인 훈련 방법 중 하나가 요약이고요. 글쓰기를 가르치고 다양한 분야의 사람들을 만나면서, 결국 본질을 꿰뚫고 자신만의 방식으로 재해석하는 능력이 창의력으로 이어진다는 사실을 여러 번 경험했습니다.

요약은 단순히 정보를 압축하는 행위를 넘어섭니다. 복잡한 정보를 단순화하고, 핵심을 파악하며, 새로운 관점으로 재구성하는 지적 활동입니다. 방대한 지식과 정보의 홍수 속에서 길을 잃기 쉽습니다. 요약은 나침반 역할을 합니다. 수많은 파편적인 지식들 속에서

의미 있는 연결 고리를 찾고, 그것을 자신만의 체계로 정리하는 과정이 바로 요약입니다. 이 과정을 통해 정보의 본질을 깊이 이해하고, 나아가 새로운 아이디어를 창출할 수 있는 토대를 마련하는 거지요.

특히 다양한 분야의 텍스트를 요약하는 경험은 창의력 개발에 결정적인 영향을 미칩니다. 비즈니스 서적을 요약하며 얻은 효율적인 문제 해결 방식을 인문학 서적을 통해 배운 인간 본성에 대한 이해와 연결해 보았는데요. 각기 다른 분야 개념들이 요약이라는 과정을 통해 서로 충돌하고 결합하면서 예상치 못한 통찰과 아이디어가 떠오르는 경험을 자주 했습니다. 전혀 관련 없어 보이는 정보들이 요약을 통해 하나의 맥락으로 묶이는 순간, 기존에는 보지 못했던 새로운 가능성이 열리는 것이죠. 이것이 바로 요약이 창의력을 자극하는 방식입니다.

요약은 또한 사고의 유연성도 길러 줍니다. 하나의 주제에 대해 여러 관점으로 요약해 보는 연습은 고정관념을 깨고 다양한 시각에서 문제를 바라보는 훈련이 됩니다. 같은 기사를 읽더라도 어떤 사람은 사실 관계 위주로 요약할 것이고, 다른 사람은 숨겨진 의도나 사회적 함의에 초점을 맞춰 요약할 수 있습니다. 이렇게 여러 방식으로 요약해 보면서 정보가 가진 다면성을 이해하고, 하나의 정답만을 좇는 경직된 사고에서 벗어날 수 있습니다. 유연한 사고는 창의적인 발상을 위한 필수적인 조건입니다.

  정보를 요약하는 과정에서 비판적 사고 능력도 자연스럽게 키울 수 있습니다. 어떤 정보가 중요한지, 어떤 주장이 타당한지 스스로 질문하고 판단해야 하기 때문입니다. 주어진 정보를 수동적으로 받아들이기만 하는 게 아니라, 능동적으로 정보를 분석하고 평가하는 능력이 길러집니다. 이러한 비판적 사고는 새로운 아이디어를 낼 때 맹목적인 시도에 그치지 않고, 현실적이고 실현 가능한 대안을 제시하도록 해 주는 것이죠. 요약 훈련을 통해 논리력과 설득력 갖출 수 있습니다.

  뿐만 아니라, 요약은 명확하고 간결한 표현 능력도 향상시켜 줍니다. 핵심을 정확하게 짚어 내고 불필요한 군더더기를 제거하는 연습은 글쓰기뿐만 아니라 일상적인 커뮤니케이션에서도 중요합니다. 장황하고 모호한 표현보다는 핵심을 꿰뚫는 간결한 문장이 훨씬 더 강력한 메시지를 전달하지요. 이러한 표현 능력은 복잡한 아이디어를 타인에게 효과적으로 전달하고 설득하는 데 필수적입니다. 창의적인 아이디어가 아무리 뛰어나도 그것을 제대로 표현하지 못하면 빛을 발하기 어렵습니다. 요약 훈련은 표현력을 키워 줍니다..

  창의력 개발을 위한 요약 훈련은 특별한 도구를 필요로 하지 않습니다. 책, 뉴스 기사, 강연 등 일상생활 속 모든 정보가 요약 대상이 될 수 있습니다. 짧은 글이든 긴 글이든, 중요한 것은 꾸준히 요약하는 연습을 통해 정보를 처리하고 재구성하는 자신만의 방식을 찾아내는 일입니다. 훈련을 반복할수록 뇌는 더욱 효율적으로 정보를 연결하고 새로운 패턴을 인식하는 능력을 개발합니다.

저는 수많은 사람들에게 글쓰기를 가르치면서 요약의 중요성을 강조했습니다. 자신의 생각을 글로 정리하고, 남의 글을 읽고 핵심을 요약하는 과정이 꼭 필요하다는 거죠. 이전에는 생각지도 못했던 아이디어를 내고, 문제를 해결하는 새로운 방식을 찾아낼 수 있기 때문입니다. 잠재된 창의력이 요약이라는 훈련을 통해 발현될 수 있다는 뜻입니다.

결론적으로 요약은 단순한 학습 기술을 넘어섭니다. 정보를 재해석하고, 비판적으로 사고하며, 유연한 관점으로 새로운 아이디어를 창출하는 창의력 개발의 핵심 도구입니다. 이 글을 통해 요약의 진정한 가치를 이해하고, 자기 삶에 적용하여 잠재된 창의력을 마음껏 펼치기를 바랍니다. 요약을 통해 생각은 깊어지고 아이디어는 빛날 겁니다. 작은 습관이 삶을 변화시키는 큰 힘이 될 거라 확신합니다.

5. 요약 독서법을 이용한
장기적 기억력 강화

책을 읽어도 남는 게 없다고 하소연하는 이들이 많습니다. 읽는 순간에는 분명히 이해했다고 느끼지만, 정작 필요한 시점에 내용이 떠오르지 않아 아쉬움을 느낄 때 많다는 거지요. 이러한 현상에 대한 효과적인 대안이 요약 독서법입니다. 요약은 단순히 지식 습득을 넘어 습득된 지식을 장기 기억으로 견고히 전환하는 데 탁월한 효과를 보입니다. 글을 쓰고 가르치는 과정에서 저는 요약이라는 행위가 기억력을 얼마나 강화하는지 확인했습니다.

일반적인 독서는 대체로 수동적인 정보 흡수에 그칩니다. 독자가 텍스트를 시각적으로 따라 읽으며 내용을 파악하는 수준에 머무는 것이죠. 그러나 요약 독서는 근본적으로 능동적인 정보 처리 과정을 수반합니다. 책 내용을 단순히 읽는 것을 넘어 핵심 메시지를 식별하고, 중요한 정보를 선별하며, 이를 자신의 언어로 재구성하는 일련의 과정을 포함합니다. 이 과정에서 뇌는 정보를 더욱 깊이 있게 분석하고 통합적으로 연결합니다. 이는 정보를 무작정 쌓아 두는 것이 아니라, 체계적으로 분류하고 명확한 표식을 달아 정리하는 작업과 유사합니다. 잘 구조화된 정보는 필요 시점에 훨씬 신속하고 정확하게 꺼내 쓸 수 있습니다.

정보를 요약할 때 뇌는 두 가지 핵심적인 인지 활동을 수행합니다.

첫 번째는 '선택적 주의'입니다. 많은 정보 중에서 중요하다고 판단되는 부분에 집중하고 그렇지 않은 부분은 걸러 내는 능력입니다. 선택적 주의는 정보의 효율적인 처리와 더불어 기억 강화에 필수적인 역할을 합니다.

두 번째는 '정교화'입니다. 요약은 내용 줄이기를 넘어 기존 지식과 새롭게 얻은 정보를 연결하고 의미를 부여하는 정교화 과정을 포함합니다. 새로운 정보가 이미 형성된 지식에 유기적으로 통합될 때, 해당 정보는 기억 속에 훨씬 더 견고하게 자리 잡습니다. 새로운 개념을 요약하면서 이미 익숙한 다른 개념에 비유하거나 실제 상황에 대입해 보는 것은 강력한 정교화 활동에 해당합니다.

저는 요약 독서법을 적용하여 비교적 어렵다고 느껴지는 책들을 훨씬 효과적으로 기억할 수 있었습니다. 특히 자기 계발서나 비즈니스 서적의 경우, 핵심 원리와 실천 방안을 요약하면서 그 내용들이 마치 제 고유한 생각인 것처럼 확고하게 자리 잡는 것을 느꼈는데요. 이는 단순한 '읽음'의 수준을 넘어, '완전한 이해와 적용 가능성'의 단계로 나아갈 수 있었음을 의미합니다. 이러한 깊이 있는 이해는 제가 강의를 진행하거나 글을 쓸 때 막힘없이 유창하게 내용을 전개할 수 있는 견고한 기반이 되어 주었습니다.

요약은 또한 메타 인지 능력의 향상을 도모합니다. 메타 인지는 '자신의 인지 과정에 대해 성찰하는 능력'을 의미합니다. '무엇을 알고 무엇을 모르는지', '어떻게 학습하고 기억하는지'를 인식하는 능력입니다. 책을 요약하는 과정에서 독자는 특정 개념을 제대로 이해했는지, 핵심 내용을 정확히 파악했는지 스스로 점검하게 되는데요. 자기 점검 과정을 통해 이해가 부족한 부분을 발견하면 다시 찾아보고 보완하게 됩니다. 메타 인지적 활동은 학습 효율을 비약적으로 높이며, 결과적으로 장기 기억을 강화하는 데 중요한 기여를 합니다. 자신이 무엇을 얼마나 기억하고 있는지에 대한 정확한 판단은 효율적인 학습 전략을 수립하는 데 필수적인 요소입니다.

나아가 요약은 정보 인출 연습의 성격도 가지고 있습니다. 기억력 강화의 핵심은 단순히 정보를 뇌 속에 저장하는 것을 넘어, 필요할 때 효과적으로 꺼낼 수 있도록 훈련하는 것이죠. 요약을 위해 책 내용을 자신의 언어로 바꾸어 쓰는 행위 자체가 능동적인 인출 연습이 됩니다. 이는 마치 시험을 대비하여 문제를 풀어 보는 것과 유사한 효과를 나타냅니다. 단순히 시각적으로 텍스트를 훑는 것보다, 직접 손으로 쓰거나 소리 내어 말하면서 요약하는 것은 다중 감각을 활용하여 기억 경로를 더욱 다양하게 활성화하며, 이는 정보의 장기 저장에 큰 도움을 줍니다. 저는 특히 중요하다고 판단되는 내용은 짧은 키워드나 핵심 문장으로 요약하여 수시로 반복 학습함으로써 더 오래 기억할 수 있었습니다.

저는 요약 독서법이 단순한 개인의 독서 습관을 넘어, 지식 기반 사회에서 필수적인 핵심 역량이라고 판단합니다. 매일 쏟아지는 새로운 수많은 정보 속에서 길을 잃지 않고, 필요한 지식을 신속하게 선별하며, 이를 자신의 것으로 만들어 효과적으로 활용하는 능력은 현대 사회에서 개인 경쟁력 좌우하는 중요한 요소입니다. 요약 독서법은 이러한 역량을 효율적으로 개발하는 가장 강력한 방법론 중 하나입니다.

요약을 통한 장기 기억력 강화는 꾸준함과 인내를 요구합니다. 초기에는 모든 내용을 요약하려다 지치거나, 무엇이 중요한지 판단하는 데 어려움 겪을 수 있습니다. 좌절하지 않고 반복 시도하는 것이 중요합니다. 시간이 지남에 따라 핵심을 파악하는 능력이 향상되고, 요약 작업 속도 또한 빨라질 겁니다. 이 작은 습관은 뇌의 정보 처리 방식을 근본적으로 변화시키고, 학습 및 기억의 효율을 극대화하여 평생 학습의 견고한 기반을 마련해 줄 것입니다. 요약을 통해 더 많은 지식을 자신의 것으로 만들고, 이를 삶의 지혜로 승화시켜야 하겠지요.

6. 습관화된 독서와 요약

많은 사람이 책 읽는 게 중요하다는 사실은 잘 압니다. 책 읽으면 똑똑해지고, 새로운 생각도 많이 하게 되고, 문제 해결 능력도 좋아진다는 거지요. 그런데, 막상 책을 꾸준히 읽는 습관을 들이는 건 쉽지 않다고 합니다. 그냥 읽는 것만 해도 힘든데, 읽은 내용을 자기 것으로 만드는 건 더 어려울 테지요. 요약하면서 읽으면, 이 어려움을 해결할 수 있습니다.

책 읽는 걸 습관으로 만든다는 건 단순히 시간을 내서 책장만 넘기는 행위를 넘어서는 일입니다. 독서를 삶의 한 부분으로 만드는 거죠. 자기 전 15분, 출퇴근길 지하철 안, 잠깐 쉬는 시간 등 자투리 시간을 활용해서 독서를 일상 습관으로 만들 수 있습니다. 처음엔 좀

신경 쓰고 챙겨야 하지만, 계속 읽다 보면 독서가 자연스러운 행동이 됩니다. 완벽하게 읽으려고 하지 않아도 됩니다. 많은 양을 읽어야 한다는 부담감도 버리고요. 단 한 페이지라도 매일 꾸준히 읽는 게 중요합니다. 독서 근육은 '매일 읽기'를 통해 만들어집니다. 더 많은 책을 읽을 수 있는 힘도 '매일 읽기'에서 시작되고요.

꾸준히 책을 읽으면서 요약까지 하면 효과 백배입니다. 그냥 눈으로만 읽는 독서는 무슨 내용이든 머릿속에 잠깐 머물다 사라질 수 있지요. 하지만 요약은 읽은 내용을 자기 언어로 다시 정리하고 핵심을 파악해 중요하다고 생각하는 정보를 골라내는 적극적인 과정입니다. 이 과정을 통해서 뇌는 정보를 더 깊이 분석하고, 이미 알고 있는 지식과 새로운 지식을 연결합니다. 잘 정리된 정보는 금방 잊히지 않고 오래도록 기억에 남을 가능성이 높아지는 거지요.

요약을 습관으로 만드는 건 생각하는 힘을 키우는 좋은 훈련입니다. 책 내용을 요약하려면 무엇이 중요한지 판단하고, 정보를 논리적으로 분석하며, 핵심과 부수적인 것을 구분하는 능력이 필요합니다. 중요한 정보가 무엇이고 작가가 진짜 하고 싶은 말이 무엇인지 스스로 질문하고 답을 찾아가는 과정에서, 복잡한 문제를 단순하게 만들고 명확하게 이해하는 능력을 기를 수 있습니다. 이 능력은 독서뿐만 아니라 일상생활에서 문제를 해결하거나 결정을 내릴 때도 큰 도움 됩니다.

요약하면서 책을 읽으면 창의적인 생각을 하는 데에도 도움 됩니다. 여러 분야의 책을 요약하면서 얻은 지식들이 뇌 속에서 서로 연결되고 합쳐지면서 새로운 아이디어가 떠오르는 경우가 많거든요. 전혀 관련 없어 보이는 개념들이 요약이라는 과정을 통해 새롭게 조합되고, 이전에는 생각지 못했던 통찰로 이어지기도 합니다. 이러한 과정은 고정관념을 깨고 유연하게 생각하는 힘을 길러 주며 문제에 대한 다양한 해결책을 찾아낼 수 있는 힘을 제공합니다. 제가 새로운 강연 주제나 책 소재를 찾을 때도 꾸준히 요약해 둔 다양한 책 내용들이 뜻밖의 방식으로 연결되어 영감을 준 적이 많습니다.

꾸준한 독서와 요약은 오래 기억하는 힘을 키우는 중요한 전략입니다. 뇌는 정보를 적극적으로 다루고 반복해서 꺼내 볼 때 더 오래 기억합니다. 요약은 읽은 내용을 자기 언어로 다시 표현하는 '복습'과 같습니다. 마치 시험공부를 하면서 스스로 질문하고 답하는 방식과 비슷합니다. 그냥 눈으로 읽는 정도가 아니라, 직접 손으로 쓰고 소리 내어 말하면서 요약하는 방식은 여러 감각을 사용해서 기억하는 길을 더 튼튼하게 만들지요. 이렇게 기억력이 좋아지면 학습 효율도 높아지고, 배운 지식을 실제 삶에 적용하는 데에도 결정적인 역할을 합니다.

독서와 요약 습관을 만드는 데는 꾸준함이 필수입니다. 매일 시간을 정해 두고 읽은 내용을 간단하게라도 요약하는 연습을 하는 게 좋습니다. 한두 번 해 가지고는 큰 변화 기대하기 어렵지만, 꾸준히 반복하다 보면 자연스럽게 삶의 일부가 됩니다. 자신감 생기고 성취감도 느끼게 됩니다. 머리도 좋아지고요.

꾸준한 독서와 요약은 스스로를 계속 성장시키고, 삶의 모든 분야에서 더 좋은 결과를 만들어 내는 강력한 도구입니다. 많은 정보와 지식과 뉴스 중에서 필요한 내용만 골라내어 내 것으로 만들며, 새로운 생각을 만들어 내는 능력! 이것은 현대 사회에서 개인이 가질 수 있는 가장 중요한 자산이라 할 수 있습니다. 독서를 통해 얻은 지식을 요약을 통해 완전히 내 것으로 만들고 이를 습관화한다면, 삶은 더욱 풍요롭고 의미와 가치로 가득해지겠지요.

부록

『요약 독서법』 요약본

리딩의 기술과 요약 독서법

- 독서의 중요성: 독서는 오랫동안 사람들에게 성장의 수단으로 여겨져 왔다. 책을 통해 사고의 깊이를 더하고, 삶의 방향을 찾으며, 시대를 관통하는 지혜를 배워 왔다.
- 현재의 독서 문제: 요즘 독서는 과잉되어 있다는 느낌이 든다. 많은 사람들이 책을 읽지만, 읽은 내용을 기억하지 못하는 경우가 많다.
- 독서의 본질: 독서의 핵심은 정보의 양이 아니라 질이다. 책을 어떻게 읽고, 무엇을 남기고, 무엇을 버리는지가 중요하다.
- 요약 독서법의 필요성: 요약 독서법은 본질을 추출하고, 필요한 정보를 남기며, 불필요한 내용을 과감히 덜어 내는 기술이다. 요약을 통해 독서는 더 의미 있게 된다.

정보 과잉 시대의 독서 문제

- 정보의 양: 정보의 양이 폭증하면서 독서는 양적인 소비로 흐르고 있다. 책 읽는 행위 자체가 목적이 되어 버렸다.
- 기억의 중요성: 책을 다 읽고도 기억나는 것이 없다면, 그 독서는 제대로 작동하지 않은 것이다.
- 질적 소비의 필요성: 독서는 단순히 많은 책을 읽는 것이 아니라, 핵심을 파악하고 남기는 것이 중요하다.
- 요약의 필요성: 요약 독서법은 정보 과부하 시대에 필요한 생존의 기술이다. 요약을 통해 독서는 더 효과적으로 이루어질 수 있다.

요약 독서법의 필요성

- 핵심 문장 추출: 모든 문장을 기억하려는 독서는 불가능하다. 따라서 핵심 문장을 추출하는 것이 중요하다.
- 불필요한 내용 제거: 글쓴이의 감정, 장황한 예시, 반복되는 설명 등은 핵심을 흐리게 만든다. 요약 독서법은 이러한 불필요한 내용을 제거하는 데 중점을 둔다.
- 선택과 집중: 독서에는 선택이 필요하다. 핵심을 기준으로 나머지를 걸러 내야 본질이 보인다.
- 요약의 정의: 요약은 단순한 줄임이 아니라, 본질을 추출하는 작업이다. 요약을 통해 남는 것은 단어 몇 개가 아니라, 방향성, 핵심 논지, 실천 가능한 단서들이다.

요약 독서법의 원리

- 요약의 시작: 요약 독서법은 핵심을 남기고 나머지를 덜어 내는 기술이다. 이 기술은 독서의 질을 높인다.
- 정보의 선택: 모든 문장이 중요하다고 여기는 순간, 진짜 중요한 것을 놓치게 된다. 요약 독서법은 선택과 집중의 훈련이다.
- 맥락과 구조 파악: 요약은 맥락을 읽고, 구조를 파악하며, 의미의 흐름을 살핀 뒤 결정하는 행위다.
- 요약의 효과: 요약 독서법은 정보 과잉 시대에 필요한 생존의 기술이며, 사고의 무기를 날카롭게 벼리는 훈련이다.

독서의 질과 양

- 모든 책이 좋은 책은 아니다: 모든 책이 나에게 좋은 책은 아니다. 저자마다 스타일과 문장력이 다르다.
- 독서 방식의 다양성: 독자는 모든 책을 같은 방식으로 읽을 수 없다. 어떤 책은 속독이 필요하고, 어떤 책은 분석이 필요하다.
- 자기화의 중요성: 좋은 책을 만나도 자기화하지 못하면 소용이 없다. 핵심을 잡아내지 못하면 아무리 좋은 문장이라도 허공으로 흩어져 버린다.
- 요약 독서법의 역할: 요약 독서법은 흩어지는 지점을 붙잡아 주는 역할을 한다. 요약은 사고의 과정이다.

독서 습관과 자기화

- 핵심 메시지의 중요성: 책을 덮은 후 남아야 할 것은 줄거리나 감상이 아니라 핵심 메시지다.
- 정보 넘치는 시대의 판단 기준: 정보 넘치는 시대에는 무엇을 읽고, 무엇을 남기고, 무엇을 삶에 반영할지에 대한 명확한 기준이 필요하다.
- 요약 독서법의 기술: 요약 독서법은 불필요한 문장을 덜어 내고 핵심을 붙잡는 기술이다. 이 기술은 독서에만 머물지 않는다.
- 말하기와 글쓰기의 적용: 요약은 말할 때, 글 쓸 때, 결정할 때도 적용된다. 요약은 결국 본질을 붙잡는 태도다.

마치는 글

덜어 낸 만큼 남는다

책 한 권을 온전히 읽는다는 것은 단지 첫 장부터 마지막 장까지 넘긴다는 뜻이 아닙니다. 한 문장을 끝까지 따라간다는 말도 아닙니다. 책이 말하고자 하는 본질을 붙잡고, 내 안에 남길 것을 정확히 남길 때 비로소 한 권을 읽었다고 말할 수 있습니다. 요약 독서법은 이러한 과정을 돕는 하나의 기술이자 태도입니다. 처음에는 단순히 내용을 정리하는 방법으로만 보일 수 있지만, 이 책을 끝까지 따라온 독자라면 알 수 있을 거라 믿습니다. 요약은 단순한 줄임이 아니라 생각의 근육을 키우는 훈련이란 사실을요.

모든 책에는 이야기와 정보, 주장과 해석이 뒤섞여 있습니다. 글쓴이는 자신의 문장으로 무언가를 전하려 하지만, 그 전부가 독자에게 똑같은 무게로 전달되지는 않습니다. 어떤 문장은 핵심이고, 어떤 문장은 맥락을 보완하는 수준에 머무릅니다. 모든 문장을 같은 힘으로 받아들이기 시작하면 독서의 중심이 흐려집니다. 요약 독서법은 메시지의 중심을 다시 세우는 일입니다. 핵심만 남기고 나머지는 과감하게 덜어 내는 것! 본질에 집중하고 군더더기를 걷어 내는 기술입니다.

읽을 책은 많고, 시간은 한정되어 있습니다. 헤매지 않기 위해서는 선택이 필요합니다. 어떤 문장을 취할지, 어떤 설명은 버릴지, 어떤 감정은 굳이 따라가지 않아도 되는지를 판단해야 합니다. 요약은 그러한 판단의 반복입니다. 읽는 행위에서 사고하는 행위로 넘어가는 길목이고, 글쓴이의 논지를 따라가다가도 어느 순간 멈추어 서서 '이건 왜 중요한가' 하고 자문하는 태도입니다. 읽은 문장을 나만의 언어로 정리할 때, 비로소 그 문장은 내 것이 됩니다.

요약은 기억을 돕는 도구입니다. 중요한 것은 사고의 기준을 세우는 일입니다. 중요한 것과 중요하지 않은 것을 구별하는 능력은 단순한 정리력만으로는 생기지 않습니다. 읽는 사람의 관점, 삶의 문제, 자기만의 목적이 분명해야 합니다. 똑같은 책을 읽어도 사람마다 남기는 문장이 달라지는 이유가 여기에 있습니다. 요약은 정답을 정리하는 기술이 아니라, 자기 사고의 중심을 찾는 기술입니다. 요약을 잘하기 위해 필요한 것은 정리 기술이 아니라, 자신이 어디에 주목하고 있는지를 아는 감각입니다.

요약 독서법은 실용적인 기술처럼 출발하지만, 결국 본질적인 질문으로 이어집니다. '나는 왜 이 책을 읽는가', '이 책에서 나에게 중요한 문장은 무엇인가', '이 책을 다 읽고 나서 무엇이 달라졌는가'. 이 질문들은 단순히 정보를 정리하기 위한 질문이 아니지요. 이것은 독서를 통해 스스로에게 던지는 삶의 질문이기도 합니다. 요약을 반복하면서 삶을 돌아보게 되고, 문장을 추려 내면서 스스로의 가치관과 목적을 분명히 할 수 있습니다.

사람들은 책을 통해 배우려 합니다. 배우는 것이 중요한 게 아니라, 배운 것을 남기는 일이 중요합니다. 아무리 좋은 책을 읽어도 남는 것이 없다면, 그 책은 읽지 않은 것이나 다름없습니다. 요약은 '남는 것'을 만드는 훈련입니다. 핵심 문장 하나, 중심 개념 하나, 나만의 해석 하나가 삶을 움직이는 결정적인 단서가 됩니다. 요약은 책을 다 읽고 나서야 하는 것이 아니라, 처음부터 끝까지 읽는 모든 과정 속에 함께하는 태도입니다. 줄이기 위해 읽는 것이 아니라, 더 깊이 남기기 위해 줄이는 것입니다.

요약 독서법은 문장과 문장 사이를 구별하는 눈을 키워 줍니다. 어떤 문장은 외워야 할 문장이고, 어떤 문장은 버려도 되는 문장입니다. 어떤 문장은 나를 흔들고, 어떤 문장은 그냥 지나가도 괜찮습니다. 그 차이를 구별할 수 있는 안목이 생길 때, 독서는 무기가 됩니다. 요약한다는 것은 나에게 맞는 문장을 남기고, 나에게 맞지 않는 문장을 걷어 내는 일입니다. 요약을 반복할수록 삶에서도 불필요한 것들을 덜어 내게 되고, 진짜 필요한 것에 집중할 수 있습니다.

책을 읽는다는 것은 단순히 지식을 쌓는 일이 아닙니다. 자신을 정리하는 일이죠. 남의 문장을 빌려 나를 더 명확히 아는 일입니다. 요약은 독서에서 끝나지 않습니다. 말할 때도, 글 쓸 때도, 삶의 방향을 결정할 때도 요약하는 힘이 필요합니다. 너무 많은 말로 중심을 흐리는 시대에 핵심만 말할 수 있는 사람은 강력한 존재가 됩니다. 요약은 단순한 학습 방법이 아니라 지적 태도의 전환입니다.

이 책을 통해 많은 독자들이 요약 독서법의 기술뿐 아니라 그 너머의 가치를 함께 느끼길 바랍니다. 단순히 문장을 줄이는 기술을 배우는 게 아니라, 생각을 정리하고, 자신에게 중요한 가치를 분별하고, 삶에서 불필요한 것을 덜어 내는 훈련이 되었기를 바랍니다. 요약을 통해 삶을 더 선명하게 바라볼 수 있기를 바랍니다. 많이 아는 것보다 정확히 아는 것이 중요하다는 사실을 함께 공유할 수 있기를 바랍니다.

책을 끝까지 읽는 것보다 한 문장을 끝까지 붙잡는 일이 더 어려울 때가 많습니다. 요약 독서법은 그 어려운 일을 가능하게 만드는 실천의 기술입니다. 무조건 읽는 것이 아니라 반드시 남기는 독서가 중요합니다. 줄이는 것이 목적이 아니라 남기는 것이 목적입니다. '더 많이'가 아니라, '더 명확하게'. '더 빠르게'가 아니라, '더 깊이 있게'. 이 책이 독서 방향의 작은 나침반이 되기를 바랍니다.

모든 책 다 남길 필요 없습니다. 모든 문장 다 중요할 필요도 없습니다. 많이 읽고도 남는 것이 없다면 그건 가장 비효율적인 독서입니다. 적게 읽고도 정확히 남겼다면 그건 가장 효율적인 독서입니다. 요약 독서법은 적게 읽되 깊게 남기는 방법입니다. 빠르게 읽되 정확히 기억하는 기술입니다. 덜어 낸 만큼 더 많이 남는 독서, 그것이 요약 독서법이 말하고자 하는 핵심입니다.

책은 끝났지만 독서는 끝나지 않습니다. 요약 독서법도 이제 시작입니다. 지금부터는 이 기술을 삶의 여러 분야에서 실천해 가야 합니다. 어떤 책을 읽든, 어떤 정보를 마주하든, 어떤 상황이든 핵심을 붙잡는 훈련은 계속됩니다. 이러한 훈련은 삶 전체를 더 단단하고 명확하게 만들어 줍니다.

남는 문장 많지 않을 수 있습니다. 어쩌면 단 한 줄일지도 모릅니다. 그 한 줄이면 충분합니다. 그 한 줄이 삶을 바꾸는 힘이 되기 때문입니다. 요약 독서법은 그 한 줄을 끝내 붙잡기 위한 가장 단순하고도 강력한 도구입니다.

덜어 낸 만큼 남습니다. 남은 것이 결국 삶을 바꿉니다.

2025년 여름

자이언트 북 컨설팅 대표 이은대